わたしの
コミュニティ
スペースの
つくりかた

みんとしょ発起人 と 建築家の場づくり

ユウブックス

トリナスのコミュニティスペース

民営図書館「みんなの図書館さんかく」

@静岡県焼津市

JR焼津駅前の駅前通り商店街の空き店舗を活用した民営図書館です。
補助金などの外部資金に頼らない自立した経営を目指し、お金と時間をシェアすることで、
小さな公共空間づくりの社会実験に取り組んでいます

2

1

1 駅前通り商店街のもともとおでん屋さんだった空き店舗をリノベーション。温かみのある内装は静岡県産材で仕上げた
2 地元静岡を意識して机も茶箱を使用

3

4

3 四角い櫓の中にチャレンジショップのスペースを設置。似顔絵ショップやコーヒースタンドなどが曜日替わりで出店する　**4** 壁にずらりと並んだ本棚の一段一段をオーナーが借りるスタイル。現在の蔵書数は約2000冊

1 沼津駅北口から徒歩約3分という好立地にあり、来館者は年間5000名近い 2「ぬましん COMPASS」の1階、広々としたスペースの一角に位置している

トリナスのコミュニティスペース

民営図書館「みんなの図書館さんかく 沼津」

@静岡県沼津市

沼津信用金庫の支店跡地に開設された「ぬましんCOMPASS」の1階スペースを活用し、2021年4月に開館した民営図書館です。沼津の新しいコミュニティ拠点として、(一社)トリナスが総合プロデュースをしています

3

3 ATMコーナーが隣接しているため、入出金などの用事のついでに立ち寄る来館者も多い

4

5

6

4・5 本棚の一段一段をオーナーが借りる制度を導入しており、60名程度が契約している。沼津信用金庫との関係から、経営者やビジネスマンが本棚を借りることも多いのもこの図書館の特徴だそう **6** 図書館の貸出カードケース

ウミネコアーキのコミュニティスペース

地域の文化複合施設「ARUNŌ-Yokohama Shinohara-」

@神奈川県横浜市

JR新横浜駅篠原口から徒歩5分ほどに建つ旧・横浜篠原郵便局を改修した地域の文化複合施設。
(株)ウミネコアーキが企画から設計、不動産、運営まで
トータルデザインしているプロジェクトです

2

1

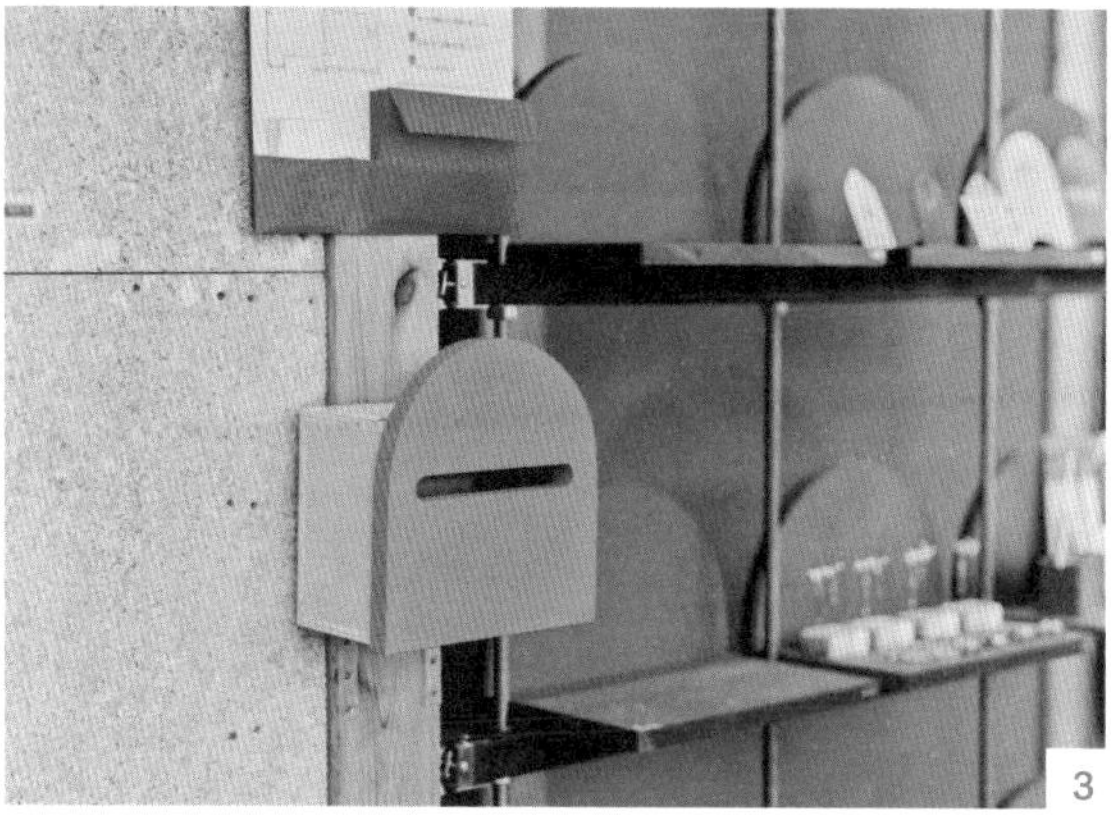

3

4

5

1 建物外観は、郵便局だった建物をほぼそのままに、庇の塗り替え程度に留めている　2 中心には屋台を意識したデザインの厨房が置かれて、屋外のような雰囲気。この日はシェアキッチンに「発酵スープカレーミコヤ」さんが出店中　3 青色の棚は、棚貸しのチャレンジショップ「マドグチ」のもの。集金箱は郵便局らしさを意識してポストをモチーフに　4 シェアハウス入居者が駄菓子屋を営業している様子　5 シェアラウンジ。ウミネコアーキが事務所として利用中

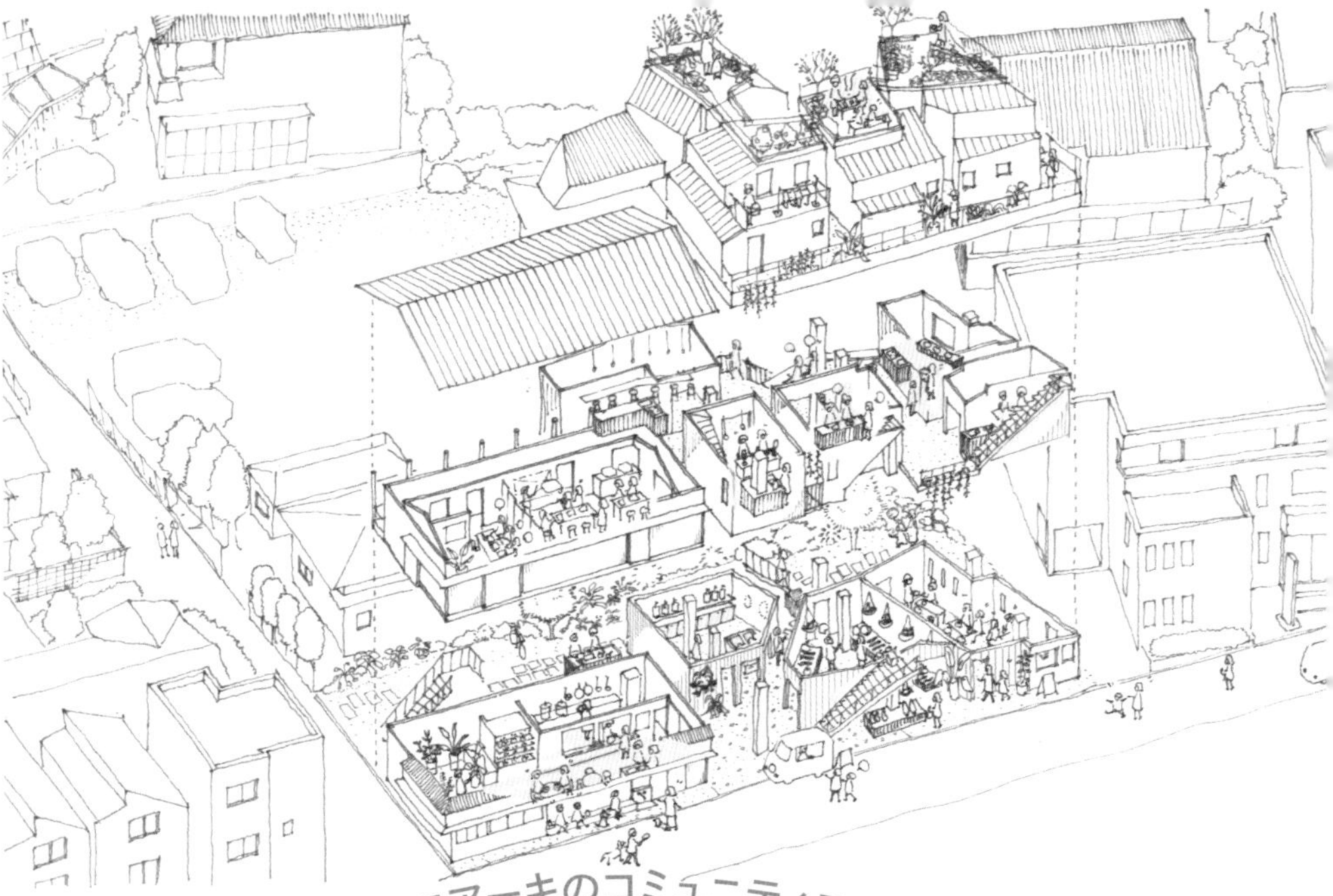

ウミネコアーキのコミュニティスペース

地域の食の拠点「新横浜食料品センター」

@神奈川県横浜市

1967年に新横浜駅から徒歩5分の位置に建てられた、地域住民のための食の拠点を更新する計画。

減築・新築・店舗移転・改修と段階的に更新するプロセスを導入。

（株）ウミネコアーキは企画から運営までトータルデザインに携わります

ウミネコアーキが設計で参加

まちやど「まちの別邸 緝」

@高知県高知市

高知市内の菜園場商店街内にあるゲストハウス「TOMARIGI HOSTEL」の客室改修プロジェクト。
まちを一つの宿と見立て、宿泊施設と地域の日常をネットワークさせることでまちぐるみで
宿泊客をもてなすまちやど計画の一環として行われた。ウミネコアーキは設計にて参加

2

1

1 受付の様子。客室はキッチン付きで、宿泊だけでなくイベントやワーケーションにも利用できる　2 竣工時建物外観。テーマカラーのブルーを塗装

1「暮らり」が近隣住民を招いて行った餅つきのイベント

「暮らり」

@広島県三原市

古民家をリノベーションしてつくった、デイサービス事業の施設とオープンスペースを併設した「複合型のふくし拠点」です。2階のオープンスペースに地域住民に集めるためにはどのようなソフトを組み合わせたらいいか、どんな運営をしたらよいかを一緒に考えさせていただきました

2 2階は一部貸し出し、その入居者に場の運営まで任せることに 3 中庭でデイサービス利用者とスタッフが協働して植物の手入れをする様子

「みんなの図書館 本と一筆」

@鹿児島県錦江町

まちづくりや福祉活動を行うNPO法人たがやすが運営する一箱図書館。
オープンにあたって候補地をどのように絞ったらいいかを
運営の方法と併せて一緒に考えさせていただきました

1 机を自分たちでつくっている様子 2 この本棚オーナーは1冊1冊の最後のページにコメントを書いたり、ポップも楽しめるよう工夫してくれている

「みんなの図書館 ぶくぶく」

@新潟県燕市

まちづくりに関わる有志が運営する一箱図書館。
プロジェクトの決定からオープンまで四ヵ月強というかなりタイトなスケジュールでしたが、
どうしたら短時間で仕上げ、盛り上げていけるかを一緒に考えさせていただきました

1

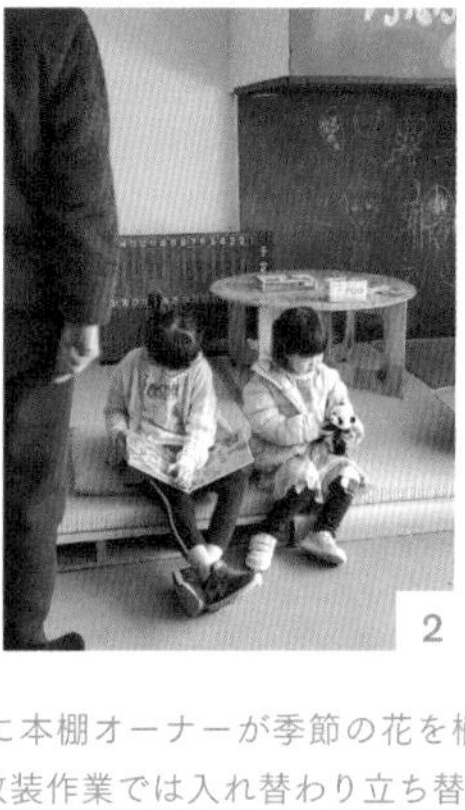

2

3

1「ぶくぶく」前のプランターに本棚オーナーが季節の花を植えてくれた　2 譲ってもらった畳は子どもたちの閲覧＆遊びスペースに　3 改装作業では入れ替わり立ち替わりたくさんの人が手伝ってくれた

1

「放課後スペースINBase」

@岡山県備前市

教育に関心のある地域のNPOメンバーが立ち上げた子どもたちの居場所。
中高生たちの日常に入り込み、居場所となるにはどうしたらよいのか、一緒に考えさせていただき、
現在ではキャパオーバーになるほど人気の場へと急成長しました

2

3

1 自由に絵が描けるブラックボード　2 オープニングイベントでダンスを披露する高校生　3 スタッフや訪れる大人と話したり、友達と宿題をしたり、遊んだりと、いろんな年齢の子どもたちが思い思いの時間を過ごす

はじめに

本書を手に取っていただき、ありがとうございます。

この本を手に取ってくださったあなたは、コミュニティスペースづくりに興味をもち、自分でも挑戦し始めていたり、もしくは既に運営していて問題にぶつかっていたり、より良いものにしたいと張り切っているのではないかと想像します。

コミュニティを生み出す場づくりには、ほかの場所、たとえばお店をつくるのとはまた違った苦労がたくさんあります。もちろんそれ以上の楽しさや面白さがあるからこそ多くの方が挑戦するわけですが、何人ものつまずいてしまう方を見てきたのも事実です。そんなコミュニティスペースづくりへのチャレンジャーを応援したいと立ち上げたのが本書です。

著者二人はこの分野ではまだまだ若手であり、「こうすれば必ずうまくいく!」といった完璧な解答を皆さんに伝授できるほどのキャリアは積めておらず、またあくまでも実践者であり、研究者ではありません。しかし今まさに現場でもがきながら活動している二人の目線だからこそお伝えできることもあるのではないかと考え、体系的な知識を伝えるための本というより、現場にいる方の気持ちに添いながら実践に活かせることを強く意識して本づくりに取り組んできました。

本書の構成は大きく二つに分けることができますが、「I 悩み相談」では、場づくりの状況ごとに以下の三つの節に分け、問いに答えていきました。「なんかやってみたいなあ」ではプロジェクトを始める前段階での問いに、「よし! やってみよう」ではオープンさせるまでの問いに、「これ、困ったなあ」では運営に関わる問いについての答えをまとめています。

「Ⅱ プロセス」では、土肥が共同代表を務める（一社）トリナス運営の「みんなの図書館さんかく」と、若林が代表を務める（株）ウミネコアーキが企画・設計から運営まで手掛ける地域の文化複合施設「ARUNŌ -Yokohama Shinohara-」のそれぞれができ上がるまでのプロセスを紹介し、さらに場づくりのハウツウを「場をつくる15ステップ」にまとめました。

「Ⅰ 悩み相談」の執筆に取り掛かる際には、まず場づくりで抱えがちな悩みごとのリサーチのため協力者を募り、新潟・岡山・広島・鹿児島の計四ヵ所のコミュニティスペースづくりにアドバイスというかたちで伴走させていただきました。これら四ヵ所のコミュニティスペースは、巻頭の口絵や、エッセイにて紹介しています。このような経緯を経てでき上がった本書は、とても臨場感に溢れ、また著者二人がコミュニティづくりと建築という異なる専門領域をベースにしていることから、幅広い視点でまとめることができたと自負しています。

この本をきっかけに、イキイキとしたコミュニティが溢れる場所がまちのあちこちに広がっていくことを期待して。

二〇二二年十二月

土肥潤也・若林拓哉

アドバイス体験談

Ⅱ プロセス

Ⅰ

悩み相談

・なんかやってみたいなあ

・よし！ やってみよう

・これ、困ったなあ

・アドバイス体験談

なんかやってみたいなあ

01

〔Q&A〕

場づくりをしたいと思っています。まずは何から始めたらよいですか？

「場づくり」には、ハードとソフトの二つの側面があります。物件を買うか借りるかして、固定の場所で始めるハードの場づくりと、特定の場にこだわらずイベント的に行うソフトの場づくりです。

もしあなたが場づくりを一度も経験したことがないならば、まずはソフトの場づくりから始めることをおすすめします。いきなり土地や物件を買ったり、借りたりしてしまうと後戻りが大変ですが、イベント的なソフトの場づくりは良い練習になります。場づくりを進めていくには、想像力と臨機応変な対応力が重要だと考えています。その想像力と対応力を養うためにはたくさんの経験を積むことが必要です。

場づくりには常に想定外なできごとがつきまといます。それが場づくりの面白さでもありますが、ある程度は起こり得る想定外を予測できたほうが、安定した場の運営ができるでしょう。

自分が初めてハードの場をもったのは大学四年生のときでした。焼津市からの委託事業として、商店街の一角に開設された若者地域交流拠点「若者ぷらっとホームやいぱる」の運営を任されました。中高生世代の若者の放課後スペースとして、大学生世代のスタッフが運営を手掛けるのが大きな特徴でした。

この施設を運営するまでに、中高生世代の「やりたい」を応援するサークルに所属し、四年のあいだ、ソフトの場づくりに取り組んできました。こうした経験もあって、実際に中高生が集まる場をつくるときにどんなリスクが伴うか、ある程度の予測ができるようになりました。もしソフトの場づくりを経験していなかったら、トラブルだらけでたくさんの方に迷惑を掛けていたはずです。そしていくらソフトの場づくりに取り組んでいたとしても、実際にハードの場を開くと、想像を超えるできごとが山のように起こります。とくに中高生世代という未成年を対象にした場だからこその苦労も多く、たくさんの専門家に助けられながら、ようやく運営を続けられていました。

場づくりと聞くと、ハードの場づくりをイメージする人も多いと思います。しかし場をつくることは必ずしもハードだけでなく、ソフトだけでも可能です。今はオンラインで簡単に場をもつこともできますから、まずはソフトの場づくりから始め、どんな場をつくりたいか動きながら模索してみてはどうでしょうか。

またソフトの場づくりを続けることは、ハードの場づくりを始めるときの応援者を増やすことにもつながります。何も活動をしていない人がいきなりハードの場を開いても、そもそも人を集めることさえ難しいかもしれません。赤の他人が場を開いたと聞いても、ほとんどの人は関心を示さないからです。しかしイベントのような場であっても、場づくりを続けていれば自然とファンができて、その人たちがハードの場にも来てくれるようになるはずです。そこからクチコミで噂が広まり、人が集まるコミュニティがつくられていきます。ソフトの場づくりは、ハードの場をつくるための準備運動にもなるのです。（土肥）

（Q&A）

02 手持ちの物件をどんなふうに使えますか？

その物件はどんなものでしょうか？ 戸建て住宅なのかマンションなのか、もともと商店だったところなのか住まいなのかといった建物の種類はもちろん、住宅街にあるのか山奥にあるのか、都心部なのか郊外なのか、駅からのアクセスは良いのかといった立地条件、所有者は自分なのか親なのか、それとも別の人から借り受けているのかといった所有権の如何もあります。その建物が建っている土地の所有権も関わってきます。これらの複合的な条件のすべてが、どのように使えるかを判断するベースの材料になります。ですから、まずはいきなりどんなことに使おうかを考え始めるのではなく、その物件がもつ特徴を明らかにすると、後々とても考えやすくなります。

たとえば（株）ウミネコアーキが運営する「ARUNŌ -Yokohama Shinohara-」は神奈川県横浜市港北区の新横浜駅から徒歩五分という、比較的都心部で駅近の立地に建つ建物です。しかしよく知られている横浜アリーナや日産スタジアムといったメジャーな興行施設やオフィスビルが建ち並ぶ再開発エリアとは反対の、閑静な住宅街に位置しています。またこの建物はオーナーからマスターリースで借りているので、いずれは返さないといけません。たとえば、この条件下にも関わらず、大企業向けのオフィスにしようと思っても入居者はいなさそうですよね？ それに何十年も返済に時間が掛かるほどの工事費で計画するのも現実的ではありません。

ほかにも、所有している物件を話のタネにして、近隣の友人・知人たちとアイデアを出し合うのもよいでしょう。意外と、やりたいことを心のうちに秘めていてそれを打ち明ける場がないだけ、という人もいるからです。そんなとき、あなたの物件はまさに打ってつけなのです。その物件を肴にあれこれと議論していくうちに、使い方が見えてくるかもしれません。

逆に自分のやりたいことをベースに考えていくという手もあります。どんなふうに使うかは、結局自分で決めないといけません。最後に責任を取るのはあなたです。そうであれば、誰に任せるわけでもなく、自分の想いに素直になって、やってみたい！に向き合うことも大事です。やっぱり、誰かにやらされている感覚ではいずれ飽きたり無理が生じたりしてしまうものです。せっかく所有している物件があるというチャンスに、つまらないことでモヤモヤさせられてしまってもしょうがないですよね。だったらまずは自分に正直になってみてはいかがでしょうか？ とはいえ、そのやりたい！が、必ずしもその物件をうまく使いこなせるものかどうかというとまったくの別問題です。たとえば、それが自分だけで使うアート作品をつくるためのアトリエであれば全然問題ありませんが、地域の人びとが集まるコミュニティスペースであれば重々気をつけてください。あなたしか求めていなかった、ということもあり得るからです。使えるかどうかを決めるのは自分だけではありません。実際の使い手がいてこそ、はじめて成り立つものです。（若林）

03

(Q&A)

アイデアはありますが、うまくいくでしょうか…。不安です。

不安を抱くのはそれほど悪いことではありません。自分がつくろうとしている場にそれだけ真剣に向き合い、たくさんの想像力を働かせているということだからです。不安を感じていない人のほうが場づくりに失敗する確率が高く、むしろ不安だらけの人のほうがうまく場をつくることができます。しかしただ不安でいるだけではもちろんダメで、不安の解消のためにさまざまなアクションを起こすことが大切です。誰でも新しく場づくりを始めるときにはとても不安になります。本当にうまくいくのだろうか？　人が来てくれるのだろうか？　私が不安を感じたときは、身近な人にアイデアをたくさん話すことにしています。その反応を見ながらアイデアを少しずつ修正していくのです。

アイデアをたくさんの人に伝えることは不安を解消するためのアクションです。良い反応ばかりであれば自分のアイデアに自信をもてますし、ネガティブな反応が多ければ修正しなければいけません。できる限り率直な意見を言ってくれる人に話すことが重要です。そして最低でも一〇〇人にアイデアを話してみてください。恥ずかしいという人もいますが、まちに開く場をつくろうとしているのですから、恥ずかしがっているようではダメです。自信をもって自分のアイデアを伝え、反応を見ながら少しずつ修正していけばいいのです。たいていの場合、相手もそれほど真剣に聞いていないですから、心配しなくて大丈夫です。

じつはビジネスも同じ原理で動いています。新しい商品を開発したら、テストマーケティングを行い、お客さんが買ってくれるかのニーズ調査を行います。お客さんの反応を新商品開発に役立てているのです。コミュニティスペースづくりにおいても、同じようにニーズ調査を行う必要があります。良いことをしているからと言って、多くの人に求められる場になるかどうかは別問題です。ただここで注意しなければいけないのは、否定的な反応を真に受けすぎないことです。一〇〇人にアイデアを話すとポジティブな意見だけではなく、ネガティブな反応も必ずあります。良かれと思って意見を言ってくれていることがほとんどですが、きちんとアイデアを聞かずに根っから否定する人も一定数はいます。だからこそ一〇〇人にアイデアを話すのです。肌感覚としては、一〇〇人のうち二割から三割くらいの人があなたのアイデアに賛同してくれれば、必ずその場づくりはうまくいきます。絶対にやめたほうがいいという一人がいたとしても、それだけの人が賛同してくれているのであれば、場を開いても失敗するリスクは極めて低いでしょう。実際に自分も「みんなの図書館さんかく」を開館する前は、一〇〇人近くにアイデアを話して「そんなことうまくいくがわけがない」と多くの人に反対をされました。しかし「それは面白い！」と共感してくれる人の声を信じて行動を起こしたことで、現在では多くの人に愛される場所へと育ちました。当初は否定していた人たちも手のひら返しをするほどです。

アイデアをたくさんの人に話すことで仲間を増やし、コミュニティスペースの成功確率を上げていきましょう。アイデアを話せば話すほど自分に自信も付いてくるはずです。（土肥）

04

(Q&A)

家族から反対されているのが悩みです。

この悩みはとてもよくわかります。私の場合は〝反対〟とまでいかないまでも、家族から「変な宗教にハマっているのではないか」と心配されたことがありました（笑）。

まず前提として、家族があってのまちづくり活動です。もっとも身近にいる人を幸せにできていないのに、「まちの人を幸せに」なんてことはあり得ません。とはいえ、二〇代前半の自分は目の前のことだけに盲目的に没頭していて、家族や自分の大切な人よりも、まちづくり活動や仕事を最優先事項として考えていました。その結果、身近にいる人を傷つけてしまい、結果的に自分自身も苦しくなってしまった経験があります。

「何のために自分が活動しているのか？」を改めて考えると、それは社会やまちをより良くするためであり、目の前の困った人のためであり、最終的には自分のためでもあります。自分や自分の身のまわりの人が苦しくなってしまうような活動を続けていても、誰も幸せにはなりません。まずは家族の幸せを最優先に置かないといけないのは言うまでもありません。これを読んだ母親はきっと「嘘だろう」と言うに違いありませんが（笑）。

一方で、家族が傷つくことと、家族の不理解は別の問題です。まちづくり活動に関わったことがない人であれば、「何でそんなお金にもならないことを一生懸命にやっているの？」と不思議がるのが普通の感覚です。また冒頭にお伝えしたように、傍から見れば変な宗教やネットワークビジネスにハマっていると感じられるのもおかしなことではありません。

私は学生時代にまちづくり活動に関わり始めたため、せっかく大学に行かせたのに勉強もせずに変な活動をしていると、両親から不安がられたことを覚えています。そんな自分が両親の理解を得られるようになった一つのポイントは、新聞やテレビなどのマスメディアへの露出でした。マスメディアに取り上げられることは、社会的な評価につながり、家族をはじめとする身近な人への信頼感の醸成につながります。本業は会社員で週末だけＮＰＯの活動をしている知人は、今まで「怪しい活動をしている人」と社内での評価が低かったのにも関わらず、新聞に掲載された途端に手のひら返しで評価が上がったと笑いながら言います。それほどマスメディアの影響は大きいものです。マスメディアだけでなく、家族と自分以外の誰か、第三者からの評価は家族の理解を得るための重要な要素です。

身近だからこそ理解しづらいということもあります。無理に家族を活動に引き込むのではなく、家族だからこそ程よい距離感で、お互いに応援しあえるようなパートナーシップを結んでいきたいと考えています。（土肥）

05

（Q&A）

自分で運営するか、それとも誰かに任せるか？

空き家や空き物件、自宅やオフィスの空き空間などのスペースを活用し、まちに役立てたいと考えられている方にとって、自分で運営するか、誰かに貸すか（売るか）は悩ましいポイントだと思います。「できることなら自分でやってみたいけど、ノウハウがない」「時間を割けない」と、空き家や空き物件に関するご相談をいただくことも多くあります。

結論から言えば、必ずしも自分（たち）で運営まで手掛ける必要はないと考えています。むしろ慣れないコミュニティ活動をゼロから始めるよりは、そうした活動に長けているパートナーを探すほうが良い結果につながることもあります。まちにはそのようなスペースがあれば運営に携わりたいと考えている人も意外と多くいて、必要なのはスペースを提供する人と使いたい人／使える人のマッチングです。

たとえば、（一社）トリナスは、二〇二一年四月から沼津信用金庫との協働で「みんなの図書館さんかく沼津」（以下、「さんかく沼津」）を開館させました。来館者が年間三五〇〇人を超える賑わいになり、子どもから高齢者まで幅広い人に愛される図書館に育っています。人口減少社会で金融機関の統廃合も進んでいるなか、支店跡地となった場所の活用案として「みんなの図書館さんかく」（以下、「さんかく」）にご相談いただいたのがきっかけです。初期は沼津信用金庫の直営も含めさまざまな運営方法を模索していましたが、コミュニティスペース運営のノウハウに長けているという点から、私たちの法人が月々のスペース賃料をお支払いし、協働しながら運営する体制になりました。

コミュニティスペース運営には想定外のことに対処し、それを場の多様性として活かしていく「やわらかさ（ゆるさ）」のデザインが重要です。しかし金融機関はそれとは逆の思想をもつ組織体で「勘定が一円合わなかったら帰宅できない」という逸話もあるように「堅さ」が重んじられています。もしかすると信用金庫が直営で運営するスペースでは、「さんかく沼津」の現在の賑わいを生み出すことはできなかったと振り返っています。このようにそれぞれの組織にはそれぞれの強みがあります。

「うちのまちにもこんなコミュニティスペースを…」と妄想が膨らむのはわかりますが、その組織体や文化が、つくろうとしている場と合わないことも往々にしてあります。「さんかく沼津」の例はもちろん、収益を追い求めてきた企業がいきなりまちにコミュニティスペースをつくると言っても、社員さんが付いて来れないばかりか、金食い虫の厄介者として扱われてしまう話もよく耳にします。さらには、大きく旗揚げしたにも関わらず、まったく人が集まらない拠点になってしまうのでは格好がつきません。

餅は餅屋と昔から言うように、自ら運営する方法だけでなく、地域のパートナーとの連携による方法も模索してはいかがでしょうか。もしくは自ら運営するスタイルを貫くのであれば、コミュニティスペース運営に長けた実践者のアドバイスは欠かせません。沼津信用金庫と「さんかく沼津」のようにお互いの強みを活かし合う協働のスタイルを確立することがうまくいく運営の仕組みです。

一方で、ここまで述べてきたことをひっくり返すような発言ではありますが、企業や行政がNPOやまちづくり会社にコミュニティスペース運営を完全に任せてしまうことによって、現場感を失ってしまうのは良くないと感じることもあります。たとえば商業施設の一部にコミュニティスペースを併設するのがトレンドになっていますが、どこかに運営委託をしてしまうと〝自分ごと感〟が薄まってしまいます。また自社で運営したとしても、「あのスペースは社会貢献だから」と力を入れない運営になってしまい、誰も人が来ないゴーストスペースになっている例もよく目にします。

行政施設においても、蔓延る委託主義によって自分たちで運営するという意識がなくなり、現場からどんどん遠ざかる傾向があります。コミュニティスペースは市民と直にコミュニケーションが取れる良い機会になりますし、窓口業務と違った市民対話の場でもあります。そのような意味で、コミュニティスペースの現場を経験することは、その後の行政運営においても役立つことが多いのではないでしょうか。

良いパートナーシップを築きながら運営を任せてしまうのも一つの方法ですが、企業や行政がコミュニティづくりの基礎力を養っていくことは、これからの時代に重要です。人口減が進み、税収が減るこれからの社会では、今まで以上に自治の力が試されるようになります。自治の力とはまさしくコミュニティパワーのことですから、人々が出会い、交流し、ともにまちの課題を解決する土台となり得るコミュニティスペースづくりの能力はどのセクターにも必要なスキルになると考えています。

仕事として、さまざまな組織からコミュニティスペースの運営について相談を受ける機会も増えていますが、こうした背景からもできる限り依頼者自身が運営を行うことや、主体的に運営に関与してもらう体制を提案させていただくようにしています。場合によっては、今後コミュニティスペースの運営を担われる方に「さんかく」に研修に来ていただくこともあります。

決して収益性の高い分野ではないので、企業にとっては力を入れづらい領域かもしれませんが、二〇年三〇年先の未来を見据え、コミュニティのコーディネートをできる人材を育てていくことは非常に重要だと言えます。（土肥）

場所はあるけれど、忙しすぎて。どうしたらいいのか、わからなくなってしまいました。

橋本康太／「暮らリ」主宰

――古民家をリノベーションして、デイサービス事業の施設と、その二階にオープンスペースをつくろうと考えました。地域住民がこのスペースに集まれるようにするためにはどのようなソフトを組み合わせたらいいか、どんな運営をしたらよいかを相談させていただきました。

デイサービス事業とオープンスペースを併設した拠点づくり

広島県三原市は人口約九万人、高齢化率は三六％と高いものの、船・新幹線・飛行機といった豊富な交通機関のハブでもある、どの世代にとっても住みやすいまちです。

私は理学療法士として介護施設や医療施設、介護系ベンチャー企業でのインターンシップなどで経験を積んだ後、独立して「暮らリ」という福祉系のプロジェクトを立ち上げています。

「暮らリ」の拠点は、古民家（診療所兼民家）をリノベーションした小さな施設です。一階では「くらすば」というデイサービス事業を自社で運営し、二階はオープンスペースとしてデザインユニットに貸し出し、運営を委ねています。

暮らしのリノベーションを提案する

「暮らリ」は「暮らしのリノベーション」から名づけています。暮らしに難しさを感じている人やものごとに対して「もう一度その価値を高めませんか？」と提案し、意味の再定義を行うのがプロジェクトの目的です。

対象者が人であっても、ものごと（空き家、空き地、イベント等）であっても、活動はみな、コミュニケーションを再構築していく作業になります。

「暮らり」のあるエリアは道路を挟んだ南北でまちの雰囲気が異なります。暮らりのある北側では高齢化率は五〇％を超えています。南側は高齢化率が三五％となっており、子育て世代や働き手、学生なども少なからずいるエリアです。「暮らり」が高齢の方々と若い世代の方々が気兼ねなく交われる場になれば、面白いことが起こるのではと感じています。

「暮らり」拠点の前で、スタッフと。外壁は地域の方とのワークショップで塗装した

一人で抱え込むな！

アドバイスを受けるまでは、一人ですべての空間を運営しようと考えていました。一階は「くらすば」としてデイサービス事業を、二階は子育て中のお母さんたちが家族や親戚以外の方と触れ合えるような、いろいろなグラデーションで社会に参加できるような場所をつくりたいと考えていました。

そして一階に訪れる高齢者と二階に来てくれるお母さんや小さな子どもたちが何らかのかたちで交わる場所にできれば理想的でした。

しかしこの拠点となる施設を購入し、建物のリノベーション工事を進めながら、デイサービス事業「くらすば」の開業準備と並行して二階の場づくりを考えるのは厳しく、一杯いっぱいになってしまい、今回の企画に応募し相談したのです。

とくに場づくりのソフトの内容や、どうやって人を配置するのか、どのようなオペレーションにしたらいいのか…。いろいろと悩んでいたのですが、「無理に一人で抱え込まなくても、誰か一緒にやってくれる人を見つけることも大切」とのアドバイスで心が軽くなり、方向転換することにしました。

いくつかのグループに声を掛けて、最終的にはデザインユニットに事務所として利用してもらいつつ、二階全体の場づくりも任せるというかたちで運営してもらうことになりました。

介護保険事業で全体を賄う収支計画

「暮らり」のプロジェクトを行うにあたっては、地方銀行と日本政策金融公庫の二行から借入を行い、物件取得とリノベーション費用の設備投資を行いました。「暮らり」全体のランニングコストは、一階部分の「くらすば」という介護保険事業で賄うことのできる収支計画です。

「くらすば」には、医療福祉介護職が働くことになります。またまちづくり事業を行っていくためインターンシップで学生（国際系学部）が参画してくれます。

一階の「くらすば」は介護保険事業となるため国で定められている報酬があり、一割はくらすばを利用される方々、九割は公費からの収入となります。

また二階のオープンスペースはデザインユニットからの賃料月額三万円＋一五％（売り上げ連動性）が収入となります。

新たなコミュニケーションを生む活動を目指す

二〇二二年五月に無事オープンを迎えたのち、「くらすば」の利用者も増えて運営も軌道に乗り、外壁の塗装ワークショップや、インターンの企画・運営による週一の八百屋、デザインユニットによるイベントの開催などで、徐々に住民の方と触れ合う機会が増え、地域に馴染んできたようです。

今後は「暮らり」を皮切りに地域で活用に困っている空き家や空き地、公共施設や介護施設などをリノベーションし、新たなコミュニケーションを生み出すような活動をしていきたいと思っています。最初から大きなことはできませんが、小さくても意味のある実践を積み重ねていきたいと考えています。

◁二階オープンスペースの場づくりも任せるデザインユニット主催のワークショップ

知名度の高い場所にするか、事務所に併設するか。オープンするならどちらがいい？

馬場みなみ／NPO法人たがやす

——まちづくりや福祉関係の活動を行うＮＰＯ法人たがやすでは、一箱図書館にトライしました。オープンにあたって候補地をどのように絞ったらいいかを土肥さん、若林さんに相談し、運営の方法と併せてアドバイスをいただきました。

本を通して自分らしさを表現できる場をつくる

鹿児島県の大隅半島錦江町に位置する「みんなの図書館 本と一筆」（以下、「本と一筆」）は、南国感漂う海岸沿い、廃校になった校舎の一室にあります。運営主体はＮＰＯ法人たがやす（以下、たがやす）。「cultivate to create culture―新しい文化をたがやす」をコンセプトに二〇二二年四月、錦江町にいるメンバーが中心になって立ち上げました。土壌を柔らかくするためたがやすように、地域に新しい空気を入れながら、誰もが楽しみ続けられる文化をつくり、たがやしていこうと活動しています。

図書館の名前である「本と一筆」は、もともと私が行っていた小さなイベントの名前から取りました。その会では、紹介したい本を参加者が持ち寄り、本を通して感じたことについて対話します。そして最後にガラスペンで、書きたいと思う言葉を一筆したためます。本や会で感じたことをポロッと話せて、それを受け入れられる空間をつくりたい。「正しいことを言わないといけない」という空気があるなかで、本を通して感じたことは一人ひとり違って当たり前。そのときに出てきた感覚や言葉を大切にしながら、自分らしさを表現できるようにと開催していました。

運営方法は、「みんなの図書館さんかく」の一棚本棚オーナー制度を参考にさせていただきました。図書館になっている場所は、運営主体であるたがやすの事務所も兼ねています。図書館でもあり、事務所でもある。こうした曖昧で緩やかな空間の中で、「本と一筆」の会で行っていたように、その人らしさを大切にできるよう、そして人と人、人と本が紡がれるような図書館をつくっていきたいと思っています。

肩書きが外れてその人自身でいられる図書館

私が活動している錦江町という町は、人口約六五〇〇人の小さな町です。小さな町なので、だいたいの人たちは顔見知りという、都会では想像できないような環境です。ここで町づくり活動をするうえで、もったいないなと思うことがありました。語弊があるかもしれませんが、それは地元の人同士で普段考えていることや今楽しんでいることについて話している印象があまりないということです。いい町をつくっていきたいという人もたくさんいるのですが、自治会やイベント、仕事としてなど、立場や肩書きを前提として話していることが多いように感じています。登りたい山（目標）は一緒なのに、お互い向かい合ってしまってなかなか山に登れないように見えることもありました。

そこで図書館での関わりや本を通して、肩書きを外して一人ひとりの感覚を表現でき、尊重できる空間をつくりたいと思っています。「この人、意外とこんなこと思っていたんだ」とか、「同じこと考えていた！」などと感じられるように。そして何か小さくても協働することで、山への一歩を踏み出してほしいなと思います。

ここ大隅半島は高齢化率が五〇％に近づいています。この地でこれからも暮らしていくには、住んでいる人が楽しみながら、それぞれの経験や得意なことなどを活かしあえる環境、文化をつくっていかなければなりません。図書館という手段を使い、微力ながらもそれぞれが活かしあえるようなつながりをつくれたらと思います。

▷職種や専門領域もバラバラな、たがやすのメンバー

便利で知名度の高い場所につくるか、事務所に併設するか

今回この計画で悩んだのは図書館を始める場所でした。候補が二つあり、一つは地元の方と宿泊者の交流のきっかけとなるゲストハウス「よろって」。もう一つは運営主体であるたがやすの事務所でした。

ゲストハウス「よろって」は、宿泊だけでなくランチやバー営業も行っており、地元の人と宿泊者が交流できる地域の拠点のような場所です。近くに役場やスーパーがあり、町の中心地に位置しています。空き家活用として古民家をリノベーションした建物で、土間のスペースでランチやバーの営業も行っているのですが、その一部のスペースに本棚を置かせてもらえないかと考えていました。

一方たがやすの事務所はサテライトオフィスやコワーキングスペースの入る、廃校を活用した行政施設の一室にあります。校庭の奥には川が見え、海もすぐ近くにあるのでとても気持ちが良いところです。

それぞれのメリット、デメリットを比較すると、ゲストハウス「よろって」は町の中心地にあって知名度も高く、カフェやバーの利用客にも図書館を利用してもらえることが大きなメリットとして考えられました。図書館に来るつもりではなかったお客さんも、本を通してコミュニケーションを取ったり、前述した「知っている人の新たな一面」を多くの人に知ってもらう機会にもなると思いました。デメリットとしては、本棚を置けるスペースが限られていることや、場所代が掛かること、そして受付係を「よろって」のスタッフにお願いすることなど、ゲストハウス側との調整も必要な点でした。

たがやすの事務所に置くメリットは、仕事をしながら図書館の受付ができ、また家賃を払う必要がないこと。そして図書館に来た人にはたがやすのことを、たがやすの事務所に来た人には図書館のことを知ってもらえ、じっ

▷図書館は事務所との間仕切りを設けず、用途に応じた三つの空間を緩やかに分け併設した

くりとコミュニケーションを取れる機会になるということでした。ただ行政施設ということもあり、グッズ販売などの収益事業ができず、開館時間の制限があるなど、自由に図書館運営を行えないというデメリットがありました。

▷たがやす事務所を訪れた方に図書館を紹介できることも併設したメリット

そんな場所についての悩みを今回の企画で相談させていただいたところ、土肥さんからは、「立ち上げたばかりの組織は、一つの事業の土台ができていないとなかなか次に進めない。大きく儲からずとも、無理なく安定した売り上げをつくることが大切」、「無理に儲けなければならないと思うと、コンセプトが歪んでいく」というアドバイスをいただきました。

無理のない運営方法を考えていたつもりでも、いつの間にか気持ちが先走ってしまっていたことに気づかされました。

その後改めてたがやすメンバーと話し合った結果、事務所に図書館があるほうが人手も回り、経営的にも無理なく進められると結論づけ、無事に図書館の場所を決めることができました。

三つの空間に分けることで併設の心配ごとを解消

「本と一筆」は、二〇二二年六月にオープンを迎えました。

図書館の中では、静かに読みたい人もいれば、話したい人もいるはず。それぞれが心地良い日常を感じられるように、仕事に集中する空間（たがやす事務所）、読書に集中するプライベートな空間、対話が生まれるセミパブリックな空間と三つの空間に分けています。

セミパブリックな空間とは、外部の人が出入り自由な空間です。そこでは対話を楽しみつつ、自分らしさを表現できるような空間づくりを考えています。また行政施設にあるため本棚を貸し出すなどの収益事業ができないという課題には、会費をいただく賛助会員の制度を設け、その特典として本棚オーナーになれるというかたちで解決しました。

徐々にですが、読書会や本の貸し借りなどからコミュニケーションが生まれ、関係性が深まっていることを実感しています。

本と出会うことで自分の世界が広がっていく感覚は誰しもあるはず。そんな体験の積み重ねがあって地域文化がつくられると思っています。「本と一筆」を通して、それぞれの心の中がたがやされ、みんなが楽しみ続けられる文化をつくっていく一助になれば幸いです。

つたがやす事務所と「本と一筆」のある旧神川中学校は、錦江湾に面した眺めの美しい場所に建つ

06

（Q&A）

どうしたら仲間が集まりますか？

まず私の持論として、仲間は集めるものではなく、集まるものだと考えています。向こうから関わりたい！参加したい！と、集まってくるような組織のほうがきっと良い組織に違いないと感じるからです。

ある程度、活動のカタチが見えてきた段階であれば、その活動に魅力を感じて仲間が集まってくることもあるかもしれませんが、活動初期は何も目に見えるものがありません。活動初期の段階では、どうやって仲間集めをするのがよいのでしょうか？

これはとってもシンプルで、自分の考えていること、やりたいという思いをとにかくたくさんの人に話してみるのがよいのではないかと考えています。

たとえば「みんなの図書館さんかく」（以下、「さんかく」）の構想を考えているときに、「本を眺めながら美味しいコーヒーが飲めたらいいな」とぼんやり考えていました。そんな漠然とした構想を、「さんかく」の数軒隣の軒先を借りてコーヒースタンドを営んでいた三浦さんに何度も相談をしていました。相談をしていた頃はちょっと良いコーヒーメーカーを購入してコーヒーを淹れるというイメージでしたが、何度も話をするなかで、三浦さんの店が軒先にあるために毎日機材を持ち込んでのスタンド設営が大変だということや、まちの居場所をつくることへの思いに共感してくださり、最終的に「さんかく」への出店を決めてくれました。

三浦さんのコーヒースタンド出店が決まったことによって、コーヒーメーカーを購入する計画はなくなり、「さんかく」では本を眺めながら美味しいコーヒーを飲むことができるようになりました。

ほかにも「誰かお店番したい人いないかなぁ」といろんな人につぶやいていたら、移住したばかりの方から「お店番させてもらえませんか？」と声を掛けてもらったり、そもそも「民営図書館をやってみたい！」といろんな人に言っていたからこそ、「あそこの物件が使えるかもよ」と情報を教えてもらうことができました。声に出してたくさんの人に話すことで、地域のいろんな人から応援もしてもらえるようになりました。

また人に説明したり伝えることは、自分

自身の考えを整理することにも役立ちます。相手に説明をしながら、自分のなかで腹落ちしていない感覚を得たり、相手の顔色を伺いながらうまく伝わっていないと感じれば、より伝わるように説明するための改善ができるようになります。一〇〇人に自分の思いをぶつけてみたら、きっとその活動には仲間が集まってくるし、助けてくれる人もたくさん現れます。たくさん声に出すことで情報が集まってきて、仲間も集まってくる。仲間集めというのは、そんなものなんじゃないかと感じています。

また仲間集めの段階では、楽しそうに伝えることも重要なポイントの一つです。たとえばＰＴＡや自治会などの地縁組織に、積極的に参加したがる人が少ないという傾向があります。これはそうした組織に対して、何となく「面倒くさそう」「大変そう」といった悪い印象をもっている人が多いからではないでしょうか。

そして関わっているメンバー側にも「大変だ」「面倒だ」という感覚があって、大変そうに、面倒くさそうに活動をしているから、結果的に仲間が集まりにくくなってしまうのではないかと考えています。当たり前のことですが、大変なこと、面倒なことは、できる限りやりたくないものです。その活動が楽しくて仕方がない、とても意義のある活動なんだということを、熱意をもってほかの人に伝えられるかどうかは仲間集めにとって大きなポイントではないでしょうか。裏を返せば、楽しく積極的に活動しているＰＴＡや自治会などは、会員が少なくなることはなく、活発に活動している事例をいくつも見聞きしています。

もう一つ仲間集めで工夫ができるのは、関わり方のグラデーションをつくることです。どんなに楽しそうな活動であっても、参加するハードルが高かったり、大きな責任を負わなければいけないとなると、参加することを躊躇う人も出てくるはずです。

コミュニティスペースづくりには、多様な人の参画が欠かせないと考えています。たくさんの人の手が加わることによって、多彩で豊かな場がつくられていくことを実感しています。そのためには、関わる時間や責任にグラデーションをもたせて、参加の裾野を広くすることも重要な要素です。

たとえば「さんかく」でいうと、もっとも責任が大きく深い関わりなのはお店番をすることで、それ以外にもさまざまな関わり方があります。本棚オーナーとして本棚を借りることも一つですし、感想カード（貸出本の裏に感想をどんどん連ねていけるカード）を切ったり折ったりする人もいれば、みんなのためにお菓子を持って来てくれる人もいます。こうした小さな活動に参加する人のことも「仲間」というと、違和感を覚える方もいるかもしれません。しかし、こうした小さな参画によって、日常がちょっとずつつくられ、「さんかく」が構成されています。なかには、関わりたいけれど家や仕事の事情で深く関わることができない人がいたり、ちょっと遠くからサポーターとして関わるほうが心地いいと感じる方もいます。深い関わりから浅い関わりまで、その人が気持ちよく参画することのできるグラデーションのデザインを目指しましょう。（土肥）

07

〔Q&A〕

チームで運営するときに気をつけないといけないことは？

チームで何かに取り組むときにもっとも重視しているのは、関わっているメンバーのモチベーションです。金銭的な対価を得ることを目的とする、いわゆる〝業務〟とは異なり、私たちが普段取り組むまちづくり活動は、ほとんどの場合でボランタリーな関わりが求められます。休日や仕事終わりなどのプライベートの時間で活動に携わってもらうためには、すべてのメンバーが気持ちよくプロジェクトに参加する関わり方のデザインが重要です。つまり「ただの労働力としての誰か」ではなく、一人ひとりの思いに合わせた関わり方のデザイン力が求められるのです。

そのために重要な点の一つは、思いを聴き取る力を育てることです。場を立ち上げる人は、自分でゼロから立ち上げるわけですから、かなり強い思いをもっている人に違いありません。実現したい場の具体的なイメージがあって、もしかすると、その場を通してつくりたい社会像も構想しているかもしれません。もちろん立ち上げた人の思いはとても重要ですが、その場を育てていくのは、その場に関わるさまざまな人の小さな思いの集まりだと私は考えています。ある意味で場づくりへの参加は自己実現とも言い換えられます。つまり、その場を通じて自分の思いをカタチにする、誰かの思いをカタチにすることを支援するのが、コミュニティスペースをつくる意義なのではないかと考えています。場を立ち上げた人の思いが強すぎると、その思いに共感する人は集まってくるかもしれませんが、どこかで流動性がなくなって同質化の壁にぶつかります。常連ばかりで、一見さんが入りにくいお店はまさにこれに当たるでしょう。

さまざまな人の思いがカタチになる場所であるから、多様な人が集まる魅力が生まれます。自分だけでなく、目の前の人や場に来てくれる人の思いをどうやったらカタチにできるか？の視点で考えることが、場づくりの基本スタンスとして重要です。これはチームで運営する場合にも同じことが言えます。誰かリーダーがいたとしても、「おれについてこい！」といった強いリーダーシップを発揮するのではなく、お互いに支え合う相互支援的な組織であるほうがよいはずです。そうした相互支援的なチームで運営される場だからこそ、その場の利用者との関係性も紡いでいくことができます。しかしこれは実際にやろうとすると、とても難しいことだと感じています。たとえば私の例で言えば、どうしても場を立ち上げた私の思いが重視される傾向にあって、メンバーが自分の考えや思いを発するのを控えてしまったり、「とても私にはできない」と謙遜されたりします。そこから少しずつ対話を重ねるなかでお互いが考えていることがわかってきて、「チームのみんなでやっていきたい！」という思いも伝わるようになってきました。時間は掛かりますが、お互いに素直に思いをぶつけ合える関係をつくっていければ、きっとそんなチームもつくれるのではないかと考えています。

ちなみに先ほどの話に一言付け加えると、常連ばかりで一見さんが入りにくいお店を否定しているわけではありません。私も行きつけのお店があって、マスターや常連さんとの話し

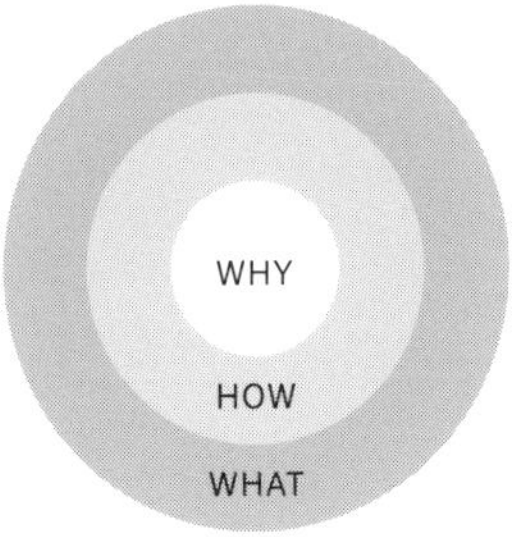

を楽しみにしょっちゅう通っています。しかし今回私たちがつくりたいのは「コミュニティスペース」です。コミュニティスペースはすべての人に開かれているべきだと思うし、できる限り多様な方が場づくりに関わっていることが好ましいでしょう。

同質化している場は、とても心地が良いものです。何となくお互いの性格を理解し合っているし、知っている人ばかりなら緊張もしません。逆にコミュニティスペースは、大変です。はじめましての人がたくさん来るし、自分の想像を超えた言動を取る人とも出会い、ストレスを感じることもあると思います。でも、だからこそ場をまちに開く意味があります。普段出会わない異質なものと出会える場がまちにあることは、まちづくりにとって必要な要素です。

チームで運営をしていくときにもう一つ重要だと考えているのは、チーム内でWHY（なぜ）を共有しておくことです。アメリカのマーケティングコンサルタントであるサイモン・シネックのＴＥＤトークで、「WHYから始めよ!」という講義があります。彼が提唱するのは、サークルの外側に向かって、WHY（なぜ）、HOW（どうやって）、WHAT（何を）の順で構成されるゴールデンサークルの考え方です。つまりWHATからではなく、WHYから外側に向かって話していくほうがより人間の脳に伝わりやすし、刺さりやすいと説明されています。このゴールデンサークルの話を聞いたときに、場づくりにおいても同じことが言えるように感じました。場づくりでは、どうしても目に見えるHOWやWHATに関して話しがちになります。どんなレイアウトにするか、何を売るか、どんなイベントをやるかなど、具体的な話をするほうがイメージも湧くし、楽しいものです。しかし具体的なことを考える前に、この場は一体何のための場なのか、なぜこの場をつくったのかといった底流にある目的について共有をしなければ、それぞれがそれぞれのイメージで活動をしていってしまいます。

組織で上司にばかり意思決定が求められ、部下が自分で決めてくれないという悩みを聞くことがありますが、これは部下がWHYをきちんと理解していないために、具体的なWHATやHOWを判断できないことが原因です。場づくりにおいては、それぞれが具体的なWHATやHOWを個々に判断して活動していたとしても、個々がもつWHYがズレていると、途中で思いの違いによって空中分解を起こしてしまうこともあります。

場づくりの節目節目において、チーム内でWHYを共有することが大切で、思っていた方向とズレが起こってきているなとか、チーム内で愚痴や不満が出てくるようになったら、みんなで集まって対話する場をもつことでチームがより良い方向に運んでいくはずです。

また良くも悪くもお互いにお互いを求めすぎないというスタンスも大切です。とくにまちづくりの活動の場合、非営利やボランティアとして動いている団体や個人が多く、働いた対価として報酬がもらえる仕事とは異なり、どのくらい関わるかも個々に委ねられています。「私は一生懸命努力して活動しているのに、なぜ皆はあまり深く活動していないのだろう」という愚痴をたまに耳にしますが、自分と同じものを相手に求めるとそうした気持ちにつながっていってしまいます。ボランティアは関わる時間や度合いも自由なのだからボランティアなのであって、それは強制できるものでありません。お互いに期待しすぎないのもチーム運営のコツの一つだと言えます。（土肥）

08

（Q&A）

公共性と事業性のバランスはどうやって取ればよいですか？

公共性と事業性のバランスは重要で、公共性に偏ると自己資金での活動となりがちで持続性が低くなりますし、事業性に偏ると損得勘定で判断していくことになり、本来つくりたかった活動と異なるものになってしまう可能性があります。ときにまちに開く場づくりは、経済合理性とは別のロジックで動かなければいけない場合もあるため、プロジェクト全体としてどんなバランスで整理をするかは初期に決めておく必要があります。

そのためにまず把握しなければいけないのは、その場を運営するうえでのコストの全体像です。コストには、イニシャルコスト（初期投資）とランニングコスト（継続費用）の二種類があります。たとえば物件を借りて場を開くのであれば、その場の壁や床を施工したり、水まわりを整備したりというのがイニシャルコストで、毎月の家賃や水道光熱費、ネット料金などがランニングコストになります。

持ち家を住み開きにしたり、会社の事務所の一部のスペースを解放した場づくりであれば、ランニングコストを抑えることができます。そもそもコミュニティスペースづくりは事業化しにくい領域なので、大きくコストが掛からないのであれば、無理に稼ぐ仕組みを考える必要はないと考えています。

一方でまったく稼がなくてもよいとすると、思考が公共性に偏りすぎてしまうことがあります。私自身、「みんなの図書館さんかく」（以下、「さんかく」）を計画していた段階では、家賃は身銭を切って支払えばいいし、良い場をつくっていればお金は後から何とかなるだろうと真剣にお金に向き合っていませんでした。しかし、実際に計算をしてみると、初期投資は何百万円と掛かるし、毎月の費用を積み上げていくと、年間で大きなコストになります。

ある程度お金に余裕があるのであれば、すべてのコストを場づくりで稼ぎ出す必要はないかもしれませんが、コスト全体のうちの何割くらいまでを自己資金から支出するかは考えておいたほうがよいでしょう。

ちなみにこのコストには、自分自身あるいは場に関わるメンバーの人件費も含まれます。もちろん全員が無報酬でボランティアとして関わることもあり得ます。たまにこうした場づくりだけで食べていきたいという相談を受けることがありますが、相当うまくいかないとこの領域だけで生活していくのは難しく、しんどいことだと感じます。なぜなら自分自身が食べていくことを目的にすると、「コミュニティスペースを開きたい！」という純粋な思いからズレていく可能性があるからです。

完全なボランティア活動（人件費ゼロ）として取り組んでいるときは、家賃や水道光熱費などのランニングコスト分くらいの稼ぎがあればひとまずＯＫということになります。しかし自分の人件費も稼ぐ必要があるとなると、場の運営のなかでお金になることとならないことの判断軸が現れます。つまり、できる限りお金になることをしたほうがよいし、お金にならないことはしないほうがよいという考え方になります。そもそもコミュニティスペースづくりはお金にしにくい活動なので、このあたりの整理をきちんとしないと、何のために場づくりをしているかの自問自答に悩まされることになるでしょう。

「さんかく」の場合、初期構想の段階からこの場で得た収入を自分の懐に入れることは一切考えていませんでした。だからこそ、大きくは稼げないけど、安定的に収入があるシェア型図書館の一箱本棚オーナー制度を維持できています。もし私がシェア型図書館だけで生活していきたいと考えていたら、本棚オーナーの数を一〇〇名、二〇〇名と、どんどん拡大する方向にしないといけなかったでしょうし、一円も支払わず本だけを借りていく利用者の皆さんはただのコストということになってしまいます。そうなっていたら、一人ひとりの本棚オーナーさんの名前を覚えることはできないでしょうし、今のような温かなコミュニティは実現できていません。

また仮に二〇〇名の本棚オーナーがいて、月々二〇〇〇円ずつを支払ってもらっていたとしても、せいぜい四〇万円にしかなりません。そこから家賃や水道光熱費を支払っていくと、手元に残るお金は知れていますし、そこに至るまでの苦労は計り知れません。オーナーの人数をひたすら増やすことに労力を使うくらいなら、自分の人件費は稼がないと割り切ってしまって、ほかの仕事でちゃんと稼いだほうが楽なのではないかと考えています。

では身銭を切り続けるのが正なのかと言えば、これも私は違うと考えています。これまでにさまざまなコミュニティスペースづくり、まちづくりの事例を見てきましたが、活動が終わってしまうタイミングは、運営者の思いが切れたときです。始めは社会的意義もしくは自己実現の思いに燃えて、活動を立ち上げます。しかし身銭を切って毎日毎日活動をしていると、どうして儲かりもしないこんな活動を一生懸命やっているんだろうとか、何のためにこの活動を始めたのだろうと、疑問が湧いてきます。

私自身、稼がないと決めていたにも関わらず、「さんかく」の開館から数ヵ月で同じような気持ちになったことがありました。本棚オーナー料は毎月入ってくるけど、自分の儲けにはなりません。どうして儲からない図書館で毎日のように店番をしているのだろうと思い、本棚をたくさん増やそうか、市民講座を始めようかなどさまざまな収益化の方法を考えました。しかしもともと「儲けない」と思ってスタートしたことなのに、その考えの芯がぶれて、大きく間違えた考え方になっていたことに気がつきました。そこで方向修正をすることができて、良かったと今でも思っています。

人間は欲深い生き物で、自分のつくった場がうまく回りはじめると、もっともっとと拡大思考になっていきます。逆にうまくいかなすぎても、自暴自棄になって誤った行動を取ってしまうことがあります。

「なぜ場を開きたいと思ったのか？」の最初の思いから、全体コストを算出し、無理なく運営できる収支計画を立てていくことが公共性と事業性のバランスを取るためのポイントです。（土肥）

09

（Q&A）

用途に応じて、それぞれどんなことに気をつけなければならないですか？

まず大前提として、都市計画法で大概の土地には用途地域というものが定められています（都市計画区域外の場所ももちろんありますが、ここでは割愛します）。さらに用途地域のなかにも、第一種低層住居専用地域という、原則的に住宅しか建てられない地域や、逆に駅前のお店が建ち並ぶ地域でよく指定されている商業地域など、さまざまな種類があります。これは地方自治体によってはネットで検索できたり、役所の建築指導課（あるいはこれに類する課や部署）でも資料を確認できます。ここで大事なのは、用途地域の種類に応じて、つくっていい用途とダメな用途があるということです。

たとえば第一種低層住居専用地域では、単独の店舗をつくることはできません。ただし郵便局のように公益性の高い用途は一部例外的に認められています。「そんなことといってもお店あるよ？」と思う方もいるかもしれませんが、そういう建物は基本的に店舗兼用住宅というかたちをとって、お店の奥や二階以上に住居が入っています。昔ながらの住みながら働く形式です。ただ、これにもルールがあります。店舗面積は五〇㎡未満かつ建物全体の半分未満にしなければなりません。また店舗についても、食堂、美容院、学習塾など、住宅地の中でも日常的に利用されることが想定されるような用途に限られています。ただどの用途が良くてどの用途がダメなのかというルールは非常に曖昧なので、困ったらその地域の自治体の建築指導課に確認しましょう。また共同住宅や長屋における店舗兼用住宅の扱い方も自治体によって異なるため、注意が必要です。

ちなみに共同住宅は共用廊下を介して各住戸にアクセスする形式の集合住宅で、長屋は各住戸に専用の出入口がある集合住宅を指します。何が異なるかというと、自治体によっては、共同住宅・長屋の中に店舗を設けてはいけないという条例（建築基準法ではなく地方自治体が独自に定めるもの）が規定されていることがあるからです。またＯＫの場合でも、全住戸でルールが適用されるため、延床面積のなかで五〇㎡までしか店舗を設けることができません。私が設計に携わった共同住宅「欅の音 terrace」では、全十三世帯のうち店舗付きが計六世帯だったので、店舗部分の面積は約八・三㎡でした。二階は原則的に住居として貸し出し、保健所に許認可が必要な用途（飲食店や美容院など）はＮＧとしています。あくまで普段は趣味的にアトリエや仕事場として利用していて、たまに気が向いたときに〝家開き〟をするスタンスとして設定しました。

とはいえ、リモートワークや兼業が増えていくなかでライフスタイルも多様化しているため、これまでのルールと合致していないのでは、と思うこともしばしばです。第一種低層住居専用地域の店舗面積の制限はいずれ緩和されるのではないかと期待しています。

ほかにもとくに注意する点が多いのは、保健所申請が絡む飲食店と宿泊施設です。

飲食店は厨房とそれ以外の部分を区画しなければなりません。また店舗専用のトイレを設けたり、シンクや手洗器などの設置義務、防水仕上げの取り決めがあったりと設計に大きく関わってくるため、事前にきちんと想定しておく必要があります。また近年ルールが統一化されたとはいえ、まだ自治体の担当者レベルでは判断が分かれることも多いため、必ず早い段階で各自治体の保健所の窓口で確認しておきましょう。たとえば天井の仕上げ方や厨房と店舗とのあいだの区画方法、器具の設置基準などはまだ判断が分かれるところです。ある自治体ではOKだったものが、別の自治体ではダメだった、ということもよくあるので、念入りに確認して損はありません。不安材料は徹底的になくしましょう。

また飲食店だけではなくそこで何か別のものを製造したい（たとえばお菓子やお惣菜など）場合も考えられます。理想的には飲食店スペースと製造スペースを区画するとよいのですが、近年ではルールが緩和されており、時間帯をずらせば同じスペースで飲食店営業許可と各種製造業許可を取ることもできるようになっています。実際には飲食店のアイドルタイムや早朝、深夜に製造の時間を回すなど、なかなかオペレーションが大変なのですが、限られたスペースでさまざまなニーズに対応できるようにもなります。

また各種許可申請も気をつけないといけないポイントです。近年では電子申請も可能になり、かなり便利になっていますが、許認可の調整が必要です。流れとしては、申請を出してから受理された後、一週間ほどで現地検査、問題がなければその後一週間程度で許可証が発行されます。そのため、遅くともオープンの二週間前には申請を出しておく必要があります。とはいえ、工事進捗がうまくいっていないということもしばしばです。そんなときは厨房やトイレなど、保健所検査に関わる箇所を優先的に工事してもらって何とかパスする事態も起きがちです。ただ、これは精神衛生上非常によろしくないので、できるかぎりスケジュールには余裕をもって工事してもらうように努めることが大事です。

また宿泊施設は自動火災報知設備（いわゆる自火報）の設置が義務づけられます。規模が小さければ特定小規模施設用の自動火災報知器を取り付けられるのですが、ここが思わぬ出費になります。場合によっては数十～数百万単位になることもあるので、事前に所管の消防署に確認のうえ、工事をしてもらう工務店経由で消防業者と協議しながら進める必要があります。

また宿泊施設も飲食店同様、保健所申請が必要です。こちらは浴室（シャワールーム）やトイレ、宿泊室の仕様に基準があります。こちらもおおよそ申請から二週間ほどで許可が下りますが、たとえば最初に提出した資料に不備があって受理されず差し戻されたり、現地検査後に指摘が入ったりすると、その限りではありません。ですから余裕をもって、できれば一ヵ月前には準備に取り掛かるのが望ましいでしょう。（若林）

10 （Q&A）コンセプトをデザインにどう表現すればいい？

コンセプトをうまくデザインに落とし込めるかどうかが、そのプロジェクトに関わるデザイナーの腕の見せ所です。ここでいうデザインにも、いろいろな種類があります。建物自体や内装の設計をする建築デザイン、ウェブサイトやロゴマークといった視覚的な表現をデザインするグラフィックデザイン、その場の運営や関係性を構築するコミュニティデザインといった具合です。たとえばここで仮に施設名を「とまり木」、〝心安らぐ居場所〟をコンセプトとし、カフェをイメージして考えてみます。

まずは建築デザインです。一階の路面店の空きテナント（四〇㎡）をリノベーションしてつくるとします。わかりやすいのは、壁に枝分かれした木を表現した棚や装飾をしたり、モチーフとなる絵を描いたりといった感じです。しかしこれだとあまりにも直接的すぎますね。〝とまり木〟はあくまでメタファーであって、本来の目的は〝心安らぐ居場所〟を実現することです。それが結果的に使う人びとにとってとまり木のように思ってもらえればいい、ということです。

一方で、とまり木を〝心安らぐ居場所〟のメタファーとして位置づけるのにはそれなりの意志があるはずです。何もとまり木でなくても、たとえば海とか山とか、もっと自然に近いものだったり、犬や猫といった癒しの対象をモチーフにしたりしても構わないわけです。でも「とまり木」と名づけたかった。その背後には、じつは「鳥が飛ぶのをいったん止めて小休止している様子を表したい」という意図があるとします。すると日々世話しなく動いているオフィスワーカーや子育て世代、あるいはスケジュール詰め詰めの旅行客がふらっと立ち寄ってついついゆっくりしてしまう、みたいなイメージが湧いてきます。それを形に落とし込むのが建築デザインです。

どうしたらそういったターゲットがゆっくり滞在しやすくなるでしょう？ まずは飲食店の機能から考えていきます。厨房をなるべくコンパクトに一〇㎡程度で済ませられれば、残りの三〇㎡は飲食スペースや滞在スペースとして使えます。出入口はなるべく外から中の様子が見えやすく、素材の温かみもあるように木製框ガラス引戸を大きく設置したい。屋外にアウトドア席があってもよいですね。お客さんとのコミュニケーションも大事にしたいので、厨房はオープンキッチンにして、建物の一番奥に配置し、キッチン前にはカウンター席をつくりましょう。ほかの客席はローテーブルとソファにして居心地良く。ゆっくり時間を過ごせるようにカフェメニューだけでなく、本を取り扱ったり、レコードやファッション、雑貨などこだわりの商品を集めたりするのもよいかもしれません。これぐらいでだいたいプランニングが見えてきましたね。

ここからさらに具体的なところに入っていく前に、グラフィックデザインについて先に整理しましょう。〝とまり木〟のイメージを伝えるロゴマークとしては、わかりやすく枝分かれしたビジュアルを使いたくなりますよね。そこに鳥が止まっているイメージ。こちらは建築デザインとは逆に、親しみやすさを意識したわかりやすいデザインを重視してみます。カラーは枝だと茶色をイメージするので、ここもオーソドックスにいきましょう。その代わり、鳥に差し色として茶色と補色関係にある水色系をチョイスします。とまり木も木のマークに平仮名だとあまり格好がつかないので、ローマ字でTOMARIGIにしておきます。これでざっくりブランドのカラーが決まってきました。

ここでまた建築デザインに戻ってきます。ブランドカラーを決めておくと、内装デザインが考えやすくなるからです。居心地の良さを演出するためには、床は工業的なコンクリート仕上げより、足場板のような時間を感じさせるテイストのほうが合いそうです。ソファやローテーブル、什器はブランドカラーのダークブラウン系で統一したいところ。ソファの素材は重厚感のある革に、ローテーブルはアンティーク家具を買ってくるのがよさそうです。

壁は落ち着きを出しつつ可愛らしくするために、暗めのターコイズブルーで塗ってみてはいかがでしょう。天井は既存躯体を剥き出しにしたコンクリート仕上げで。照明は照度を落としつつ、色温度の低い電球色でいきたいところです。テーブルの上には、水色のシェードのペンダントライトをぶら下げましょう。アクセントカラーでソファにオレンジ色のクッションを置くのもありですね。小物も水色で統一感を出していけば、グッと締まってくるでしょう。厨房まわりは水色のタイルを使うとより愛らしくなりそうですね。

このような感じで、建築デザインのイメージをどんどん具体的にしていきます（実際にはもっと丁寧に紐解いていきます）。建築デザインとはつまり、ざっくり言えば、施設名やコンセプトの背後にある想いを構造化し、それを具体的に空間の中に形として表現することです。大事なのは、言いたいことをただそのまま表現しない、ということです。今回の例でいう〝心安らぐ居場所〟を直接表現しようと思っても、選択肢が多すぎてどこから手を付ければよいかわからなくなってしまうからです。施設名やコンセプトは利用者にイメージをわかりやすく伝えるための一つの表現にすぎません。

また運営のデザインも建築デザインに大きく関わってきているのがわかるでしょうか？今回は厨房をオープンキッチンにして手前にカウンター席を設けるレイアウトにしました。ただこの厨房を間取りのどこにもってくるかによっても運営方針が変わってきます。どの席の人ともコミュニケーションを取りやすくすることが最重要なのであれば、厨房を真ん中にもってくる選択肢も出てきます。あるいは道行く人に声を掛けたり、つくっている様子を見せたりすることが大事なのであれば、出入口あたりに配置することになります。また商品を取り扱う場合に、レジをこの厨房部分で行うのか切り分けるのかによっても、また話が変わってきます。

実際にこの場を利用する人びとがどのように入ってきて、滞在し、また出ていくのか、その体験を具体的にイメージしながらデザインをブラッシュアップしていく必要があります。

（若林）

「みんなの図書館 ぷくぷく」をつくる@新潟県燕市

短期間で場をつくるにはどうしたらいい?

白鳥みのり／「みんなの図書館 ぷくぷく」館長

――まちづくりに関わる有志で一箱図書館をつくり、運営しています。プロジェクトの決定からオープンまで四ヵ月強というかなりタイトなスケジュールでしたが、どうしたら短時間で仕上げ、盛り上げていけるかを土肥さん、若林さんにアドバイスいただき、無事オープンにこぎつけることができました。

シャッター商店街の活性化に弾みをつける場を立ち上げたい

「燕三条」という名で知られるこの地域は、金属加工を中心とした製造業が盛んなまちとして知られ、「燕市」と「三条市」の二つの自治体からなっています。二つの市を合わせた人口は一八万人弱と地方都市としては比較的規模が大きく、上越新幹線・関越道により首都圏からのアクセスも良いエリアです。「みんなの図書館 ぷくぷく」(以下、「ぷくぷく」)は、そんな燕三条の燕市側にある、宮町(みやちょう)商店街に開かれています。宮町商店街は、かつては燕市の中心商店街として、文字通り〝肩がぶつかるほど〟の人が溢れていましたが、今や地方のよくある商店街の例に漏れず、シャッターが目立つ通りになっていました。店は閉めていても家主が建物の奥や二階に居住している物件も多く、また建物自体の老朽化が進んでいて、思うように活用が進まないという、典型的な地方の商店街の問題を抱えています。

その一方で、二〇一八年から二一年に掛けては、県内外からの移住者や地元の企業によってゲストハウス&バー、ドライフラワーショップ、フォトスタジオ、古着屋、そして市内のインターンシップに参加する学生向けの滞在施設などの店舗や施設が、宮町商店街に次々と誕生しました。多くはもともとあった店舗を改装してオープンしたものです。それらの動きは、一つの大きな計画に沿って行われたものではありませんでした。たまたまこの場所やここに暮らす人を気に入ってお店を開く人が現れ、一つシャッターが開くとそれがさらに人を呼び、気づくと少しずつ商店街に出入りする人が増えていったのです。この動きを加速させたのは、燕三条や商店街の人たちのもつ、ヨソ者や若者を拒まず、面白がりながら受け入れるという風土でした。

「ぶくぶく」の計画は、そんなまちの内外の人が気軽に立ち寄り交流したり情報を得たりできる場所を宮町商店街につくろうというところから始まりました。当初から「本がある空間が商店街にあったらいいね」という話をしていた折、人づてに知ったのが静岡県焼津市の「みんなの図書館さんかく」でした。視察に訪れた日は「さんかく」の休館日でしたが、私たちが訪ねていて扉が開けられていたので、親子連れが立ち寄って楽しそうに本を選び借りていきました。〝民営の図書館〟という、当時はまだ馴染みのなかった施設を地元の方が普通に利用しているその様子を見て、こんな場所が宮町にもできたらいいなと強く感じました。

地域おこし協力隊の本棚オーナーが「ぶくぶく」で開いた移住者交流会の様子

計画と作業の同時進行で、できることを粛々と

「ぶくぶく」が入っているのは、もともとは家具店だった建物で、閉店して既に二〇年以上経過している〝老舗シャッター店舗〟になっていました。老朽化が進んだ鉄筋コンクリート三階建の建物は、取り壊しが決まっており、現在の建物の最後の一年間の活用法として「ぶくぶく」を開くことになりました。冬が来る前にオープンしたいという新潟県特有の事情もあり、二〇二一年一一月の開館を目指して改装を始めたのは同年の八月末でした。

残暑真っ盛りのなか、どこまで改装するか、壁や床の色をどうするか、どんなレイアウトにするか、計画と作業を同時に進めていきました。「今日中にこの作業を終わらせないと次の作業に間に合わなくなってしまう」という場面が何度もありましたが、その度に、SNSを見て駆けつけた近所の人やたまたま居合わせたインターンシップ中の学生たちが手を貸してくれました。

什器もほぼいただきものでまかなっており、机や椅子だけでなく本棚も、知り合いの建築事務所から不要になった本棚を譲り受けました。土肥さんが「この階段まわりのスペースは、子どもが喜ぶ場所になりそうですね」と見つけてくださった、二階に上がれない階段は、もともとは二階への通路が封じられた無骨な階段に過ぎませんでしたが、黒板塗料やデザイナーが描いてくれた絵によってぶくぶくのメインビジュアルに生まれ変わりました。今では開館日の度に子どもが階段を夢中で上り下りしたり、階段下に設けた畳の小上がりで遊んだりする姿が見られます。

▷猛暑のなか始まった改装作業の際には、助っ人を求めながら何かを準備・始めようとしていることをアピール

〝行き当たりばっちり〟で無事オープン

このように、まわりの方のサポートで驚くほど〝行き当たりばっちり〟に進んだ「ぶくぶく」の準備でしたが、短い期間で開館までこぎつけたことで、十分に考えられなかった点もありました。土肥さんからは「準備期間を長く設け、なるべくたくさんの人に準備段階から関わってもらうことが、まちに開いた場をつくるうえで大切」とアドバイスをいただきましたが、そもそもの準備期間が短いうえに段取りが悪く、準備段階で人を十分に巻き込めたとは言えませんでした。

そんななかでも、SNSなどで細々と呼び掛けていると、友人・知人が手伝いや差し入れに来てくれたり、通りすがりの人が声を掛けてくれたりと、「ぶくぶく」の開館準備をきっかけに嬉しい交流もありました。限られた期間であってもさまざまな人が出入りしながら改装作業を進めるうちに、いつの間にか最初の暗くジメジメしていた状態が思い出せないくらい、明るく温かみのある空間になっていました。

「ぶくぶく」は、子育て中の親同士が絵本を借りがてら交流したり金属加工に携わる職人同士が知り合うきっかけになったりと、まちの人にとって新たなかたちの交流の場として機能しています。これからも自然と変わり続けるこのまちの、化学反応を促進していくような場でありたいと思っています。

地元のデザイナーに絵を描いてもらった「二階に上れない階段」

「放課後スペースINBase」をつくる@岡山県備前市

中学・高校生に来てもらうにはどうしたらいい?

守谷克文／備前若者ミライプロジェクト

——教育に関心のある地域のNPOメンバーらとともに子どもたちの居場所を立ち上げました。中高生たちの日常に入り込み、居場所とするにはどうしたらよいのだろう。土肥さん・若林さんにその悩みを相談したことがきっかけで、キャパオーバーになるほど人気の場へと急成長しました。

一〇代のためのフリースペースを有志で立ち上げる

私たち備前若者ミライプロジェクトが運営する「放課後スペースINBase」は、中高生をはじめとする一〇代のためのフリースペースとして二〇二一年一〇月にオープンしました。

備前若者ミライプロジェクトは、地域のNPO活動に関わり、教育に興味のある有志が共同して、若者が楽しく希望をもって生きていけるまちを目指して活動するプロジェクトです。活動の拠点は岡山県の東南端、兵庫県との県境に位置する備前市の伊部、備前焼の里として知られた人口約一万人程度の小さなまちです。このまちの中心を通るJRの伊部駅の南口構内に私たちの居場所はあります。駅の北口は国道に面した観光の入り口であり、南口は地元の人が住む住宅街の入り口です。近くには認定こども園と三〇〇人規模の中学校があり、国道の向こう側には小学校もありますが、高校は隣町までないという場所に立地しています。

「何かをやってみたい」気持ちを受け止める場をつくりたい

そもそもこの場をつくろうと思ったのは、私たちがＮＰＯとして中学校や高校で実施しているキャリア教育のプログラムが発端です。そのプログラムは、地域の大人に来校してもらい、中高生と輪になってお互いの生き方や価値観を語り合う場をもち、子どもたちのキャリア形成や自己肯定感にポジティブな影響を与えることを目指すものです。実際にそのプログラムの実施後アンケートでは、子どもたちは「もっと大人と話したい」といったナナメの関係への希求度や「自分にも何かできるんじゃないか」といったチャレンジ意欲が向上していることがわかりました。しかしその学校のカリキュラムでは、プログラム自体は決まった学年に対して一年に一回で、子どもにとっては一生に一度しかそのプログラムを受ける機会がありませんでした。

そこで、「その湧き上がった気持ちを受け止める別の仕組みが必要」だと放課後の居場所をつくる構想がメンバーから提案されたのです。大人のスタッフや異年齢の利用者とナナメの関係を築くことができ、また「何かをやってみたい」という気持ちを受け止めともに伴走できる、そんな場があったら素敵だなと考えたのです。

国や民間の助成金を受けながら運営

その後、市や自治会、中学校などに協力してもらい、場を始めることができました。おもに一〇代の子どもたちがふらっと立ち寄って遊んだり勉強したりしながら、スタッフと交流するのが日常の風景です。暇をもて余し気味の小学五年から中学二年生くらいまでの子どもたちがボリュームゾーンで、高校生はたまに目当てがあるときに訪れる程度でした。子どもたちにやってみたいことを書いてもらった掲示板を見て、ゲーム大会などの小さなイベントを企画したりすることもあります。

いろんな年齢のこどもたちが、思い思いの時間を過ごす

資金繰りに関しては、今のところ国や民間の助成金を受けることで運営できています。このあたりはもともとＮＰＯとしてやってきたノウハウが活か

せていると思います。しかし補助率は一〇〇%ではないので、原資となる部分を土肥さんに教わった「一箱本棚」を館内に設置することでまかなっています。本棚を借りるオーナーさんは、コミュニティに参加したいというよりは、子どもたちや私たちの活動への支援として、寄付的な意味合いで本棚を借りてくれる人が多いようです。置いてくれる本も「子どもたちに読んでほしい本」が並んでいます。

日常に戻ったら、子どもたちが訪れなくなってしまった

場所づくりにおいて一番悩んだのは、やはり集客についてです。準備にあたっては地元の中学生と一緒にDIYに取り組みましたし、高校生と企画したオープニングイベントでは一〇〇人以上の参加者が来てくれ盛況だったので期待していたのですが、いざオープンするとほとんど子どもたちが来ないという状況が続きました。レイアウトを変更したり、ゲームを置いたりもしましたが目立った効果はなく、途方にくれました。DIYやオープニングイベントの企画は子どもたちにとって「非日常」だったから面白がって来てくれたのであり、「日常」の居場所はそこまで求められてなかったのかと思いました。

そんなときにこの本の企画に手を挙げさせていただき、いろいろなアドバイスをいただきました。なかでも効果的だったものが、「場に入る言い訳をつくる」というものでした。フリースペースの性質上、基本的は何をするのも自由なのですが、それが逆に用事がないと入りづらい雰囲気としていたのかもしれません。私たちは用事なくふらっと立ち寄ってほしいのに、そこがミスマッチしていたようです。そこで「これをしに来たんだよ」と子どもたちが言い訳のできる用事をつくることで、最初の一歩を踏み出しやすくしてみました。ちょうど寒い頃だったので、セルフでのホットドリンクの無料提供を始めたところ、通りすがりの中学生や高校生、果ては大人までドリンクを飲みに来てくれるようになりました。ホットドリンクなので飲み終わるにもそれなりに時間が掛かり、私たちも子どもたちとゆっくりコミュニケーションを取ることができました。土肥さんにも言われていたことですが、中高生は最終的に「人に会いに来ること」が足を運ぶ目的になるようで、仲良くなった子どもたちが徐々にリピートするようになりました。やがて友達を連れて来るようになると倍々ゲームで利用者が増えていき、二〇二二年一一月現在では毎日平均して二〇人ほどの子

どもたちが訪れるようになりました。広さとしては一五人くらいが適正人数なので、少しキャパオーバー気味ですが、誰も来なかった頃のことを思うとうれしい悲鳴です。

やる気を引き出す関わり方を発展させていきたい

今後は、この場の最初の目標通り、せっかく来てくれた子どもたちがいろんな人やモノ・コトに出会えるような機能をパワーアップさせていきたいと思っています。そのために子どもたちをやる気にさせるための関わり方や、地域の大人ももっと気軽に場に関わることのできる仕組みなどを、これからもっと発展させていく予定です。

最終的には、卒業生がこの場で得たものによって成長した姿を見せに来てくれるとよいなと思っています。

スタッフと水耕栽培にチャレンジする中学生たち

これ、困ったなあ

〔Q&A〕

11 不測の事態に陥ったらどうしたらいい？

これまで、計画をきっちりかっちり決めて、その計画通りに進めることが良しとされてきたように感じています。しかしながら、世のなかが常に計画通りにいくとは限りません。大災害や感染症のパンデミック、戦争など、歴史的に見ても不測の事態がいつ起きるのか、誰にも予想できません。そんなとき、計画しすぎない、冗長的な余白を残すということもまた重要になってきます。

場をつくるときに、単一の使われ方のみを想定したり、専門性の高い用途を想定してしまうと、いざというときに代替が難しくなってしまいます。たとえば宿泊施設のうち、カプセルホテルやドミトリーはビジネスや学生の旅行客がたくさんいることを前提につくられていましたが、人々が動けなくなるとほとんど稼働しなくなってしまいます。こういった場のリスクを事前に想定するのはなかなか難しいことですが、不測の事態に対応できるマインドを養うことはできるはずです。

また利用ルールを決めすぎてしまうことも気をつけないといけません。自分の想定通りに動いているということは、動かされている側にとっては非常に窮屈に感じるためです。誰もが主体的に参加しやすい余白があることが、場をつくるうえで重要になってきます。

教育心理学者のジョン・D・クランボルツは「計画的偶発性理論」を提唱しました。この理論は、個人のキャリアの八割は予想外の偶発的なことで決定されるため、その偶発性を計画的にデザインし、良いキャリアにつなげていこう、というものです。そこでは、以下の五つの行動特性をもっている人には偶発性が起こりやすいとされています。その五つとは、①好奇心［Curiosity］、②持続性［Persistence］、③柔軟性［Flexibility］、④楽観性［Optimism］、⑤冒険心［Risk Taking］です。

ひとえに余白が大事といっても、ただ行き当たりばったりでフラフラと過ごせばいいというものではありません。行き当たりばったりにも良い行き当たりばったりと悪い行き当たりばったりがあるのです。計画的偶発性はまさに良い行き当たりばったりを支える行動特性だと言えます。

常に新しいことに興味関心をもち、過去の慣習に囚われず、何とかなるさ精神で、日々挑戦していくこと。これを継続していくことで、予想外の創発的な状況が生まれやすくなります。（若林）

12

（Q&A）

中学・高校生に来てもらいたいと思っています。どうしたらいいですか？

自分の初めてのハードの場づくりは、「若者ぷらっとホームやいぱる」（以下、「やいぱる」）という中高生世代の若者の居場所施設でした。大学四年生のときに焼津市からの委託事業として施設運営に携わることになり、焼津駅前通り商店街の空き店舗を活用した居場所づくりを始めました。この施設は、焼津市にキャンパスがある静岡福祉大学の駅前キャンパスの位置づけで、「やいぱる」はこの三階です（現在は事業終了）。

こうした経験から、最近は地域のコミュニティスペースで中高生世代の利用を促したいと相談を受けることや、若者のまちづくり参加をどのように促していけばいいかなどアドバイスをさせていただくことがあります。

とはいえ、私たちが運営していた「やいぱる」がうまくいっていたかというと、反省点だらけです。そもそも中高生世代の若者たちに施設利用をしてもらうまでのハードルがかなり高かったのです。まず焼津市からの委託事業ということもあって、施設開館に合わせて市内の中学校や高校には周知のためのパンフレットを配布させていただきました。こうした広報の効果もあってか、当初は中高生がよく来館してくれていました。

しかしある程度時間が経つと、来館する子が固定化して、ごく一部の子たちの居場所施設という感じになってしまいました。これは決して悪いことではありませんが、できる限りさまざまな中高生に利用してもらいたいと考えていた自分たちからすれば、もう少し頑張れる方法はあるんじゃないかと議論を重ねていました。

また居心地が良いと感じてリピートしてくれている子たちも、中学や高校を卒業してしまうと、ライフスタイルが変わって来館頻度が大きく下がることもありました。新年度になるたびに利用者数が一気に減少してしまい、これも頭を悩ませることの一つでした。

少しだけ言い訳をすると、施設は大学のキャンパス三階という新規の利用者が施設に入るのを躊躇してしまうような悪立地。さらに三〇㎡もないほど狭いため、既にいるリピーターの存在に居心地が悪いと感じられてしまいがちでした。私たちの場合は、場所を選ぶ主体ではなかったので、与えら

れたスペースでどうにかしないといけませんが、物理的に居心地の良い場所であるか（ある程度の広さがあるか、お洒落な空間であるかなど）は中高生の利用を促すうえで重要なポイントの一つだと感じます。

焼津市からの委託事業というプレッシャーもあって、そのときはあらゆる手を使って広報をしていました。焼津駅周辺でたむろしている中高生にチラシを配ったり、施設の前を歩いている高校生を見掛けたら「ちょっと寄っていきなよ」と声を掛けたり。中高生の居場所施設なのに中高生が来ない。最初は明るい気持ちで始めたのに、自分自身どうしたらいいのかわからなかったですし、一緒にチラシを配ってくれたスタッフのみんなには申し訳ない気持ちになりました。

こうした経験から気がついたのは、相手から組み立てることの大切さです。つまり大人の思惑で中高生を集めようとすることがうまくいかない根本的な原因だったのです。焼津市が中高生施設を設置した目的は、中高生世代が商店街やまちづくりに参加する拠点となるような場をつくり、地域交流を始めてほしいというものでした。しかしよく考えてみると、商店街活性化やまちづくりに参加したいと考えている中高生はどのくらいいるでしょうか。自分自身の中高生時代を振り返ってみても、勉強や部活に一生懸命でそんな余裕はなかったことを思い出します。

この経験ののちには、中高生たちが何を求めているのか、どんな場所なら中高生が来やすいのかを意識するようになりました。もともと「やいぱる」を立ち上げるときには、中高生世代による準備委員会を組織し、彼らの声を聞きながら場づくりをしてきましたが、開館してから時間が経過するうちに目の前の課題に追われてしまい、若者とともに考えることを疎かにしていました。

「やいぱる」に来館してくれていた中高生たちと対話をするなかで、「学校に面白い部活動がない」という理由で、部活動に参加していない子が多いことに気がつきました。だからと言って何もしたくないわけではなく、今関心があることや、やってみたいことはたくさん話してくれました。そうした声を聞いて、学校外でしかできない部活動を始めることになりました。釣り部や英語部、写真部など、多彩な活動が始まり、ちょっとずつ中高生たちの利用も増えるようになりました。

当たり前のことですが、中高生のことに一番詳しいのは中高生自身なので、彼らと一緒に考えるのが大事で、彼らの声のなかに答えはあります。中高生の声から組み立てていけば、きっと中高生の利用は増えていくはずです。

そして、これまでの経験で中高生の利用を促すために重要だと感じたもう一つのポイントは、自由に過ごしてよい、何をしてもよいという空間は、逆に彼らにとって居心地が悪いということです。残念なことに今の子ども・若者は、自由に過ごすことに慣れていません。ほとんどの場合、制約がある場で活動をすることが多く、「自由に過ごせ」と言われると不安になってしまい、怪しいとさえ感じることもあります。

もちろん最終的には自由に過ごしてもらえばよいわけですが、まずは中高生がその場に来たくなる第一歩として、わかりやすい目的をつくることが大切です。一番わかりやすいのは、そこで自習ができることで、全国共通して自習スペースを求める中高生は多いと思います。あとはダンスの練習ができる大きな鏡や音楽の練習ができるバンドルームも高い需要があります。

もしかすると継続して来てくれる理由は、その場所にいる魅力的な大人の存在だったり、集まってくる気の合う友人だったりするかもしれませんが、利用の定着化が図れるまでは、「その場所にいる言い訳」をつくってあげることが重要だと考えています。

仮にそこにいるスタッフ（大人）と話がしたくて施設に来ていたとしても、それが来館の目的と気づかれるのは、中高生にとっては照れ臭いものです。ですから来館してもよい言い訳を機能としてつくってあげるのが大事で、中高生の利用が少ない施設においてはここを意識するとよいのではないでしょうか。

その後の定着化や、若者との関係づくりに関しては、ユースワークと呼ばれる中高生をはじめとした若者たちとの関係構築や接し方に関する専門的な議論に入るため、本書では触れることを避けますが、相手から組み立てること、いる言い訳をつくることの二点を押さえれば、きっと中高生に愛される地域の居場所にできると思います。（土肥）

13

(Q&A)

ご近所さんとの付き合いがうまくできません。地元からの理解も得られていないようです。

まず、どうしてご近所さんや地元からの理解が得られない状態に陥っているのでしょうか？ おそらくあなたの活動を単に否定したいからではなく、「わからない、知らない」という思いのほうが強いのではないでしょうか。

つまり、ご近所さんや地元からの理解が得られないときは、ほとんどの場合、あなたと地元の皆さんの関係性が築かれていないことが原因だと考えられます。たとえば私が普段活動しているのは商店街です。商店街の中には、商店街で生まれ、長年お店を営んできている方が多くいらっしゃいます。そうした人たちからすると、私のように外から商店街にやって来て、突然、民営図書館をつくる人間は宇宙人のように思われたかもしれません。

もし本当に宇宙人が突然地球にやってきて、家を建てたりすれば、私たちは必ず警戒心をもって接するはずです。ご近所さんや地元の理解が得られない原因は、こうした警戒心や不理解にあると考えています。

では、どうしたら理解を得られるようになるでしょうか？ もっともシンプルかつ効果的な方法は、毎日きちんと挨拶をすることです。朝会ったとき、たまたますれ違ったとき、商店街から帰るとき、「おはようございます」「こんにちは」「おやすみなさい」と、挨拶をしてみてください。そんなことかと思った人もいるかもしれませんが、信頼関係というのは日々のこうした小さな積み重ねからつくられていくものです。

挨拶が気持ち良くできる関係になったら、次は天気の話をしてもよいし、最近あった面白い話をするのもよいかもしれません。雑談ができるようになってからはじめて、商店街の話やまちづくりの話など、より踏み込んだ話を対等にできる関係になっていきます。

ほかにも、商店街の会合があれば基本的には顔を出しますし、行事などがあれば手伝いにいくようにしています。昔に比べると出張の数が増え、商店街にいる時間が短くなってしまいましたが、今は代わりに私たちの仲間が地域とのコミュニケーション役を担ってくれています。

こうしたウエットな関係づくりを面倒に感じる人もいるかもしれません。私もどちらかと言えば、地域内での関係づくりに煩わしさを感じていたことがありました。商店街ですれ違ったことに気づかず、挨拶をしなかったことが原因で、怒りを買ってしまったこともあります。「そんな小さなことで関係が崩れてしまうこともあるのだ」と学んだことを覚えています。

加えて外部からの評価を得ることも方法の一つです。わかりやすいのは新聞やテレビなどのマスメディアからの取材です。マスメディアは客観的に情報をまとめて記事やニュースにしてくれます。斜めから見ている人ほど、マスメディアが取り上げた情報をきちんとチェックしたりするものです。地域側からでは見えていない魅力も、外から評価されることによって、良い取り組みなのかもしれないと、見直すこともあります。不思議なことに身近なものは悪く見えて、遠くのものは良く見えるのが人間の習性です。マスメディアに取り上げてもらえるような取り組みに育てていきましょう。

地域での関係性は非常に面倒なものです。信頼を得るまでは時間が掛かり、ちょっとしたことで関係が壊れてしまうこともあります。新しいことを始めるときは話を通す順番があるし、根まわしが必要なときもあります。でも、それは「まち」だから仕方のないことだとも感じています。

つまり、まちには多様な価値観の人が住んでいて、会社などの組織のように目指している方向も一緒ではありません。それぞれが思い描く良いまちの姿は異なっているし、賑やかなほうが楽しい人もいれば、うるさいと感じる人もいます。そうしたさまざまな思いを調整しながら、より良いまちを目指していくのが「まちづくり」です。

「コミュニティスペースをつくる」というのは、聞こえはいい活動ですが、実際に取り組むと面倒くさいことがたくさんあって、時間も労力も掛かります。でも、そうした違いを乗り越えることに面白さがありますし、多様な思いを受け止められる場づくりをすることに未来への可能性を感じています。せっかく場を開くのだから、地元の人に不信がられるのではなく、愛される場づくりをしていきたいですね。（土肥）

14

（Q&A）

仲間内だけで盛り上がっているように感じます。内輪ノリにしないためには？

仲間内だけでやっているような感覚は、場を立ち上げて数ヵ月から数年経った頃にどうしても出てきてしまいます。内輪ノリというのは、毎回同じような顔ぶればかりが見られ、外の人から見ると内々で運営しているように思えて入りづらいと感じさせてしまう雰囲気のことです。

まず内輪ノリが生まれることは必ずしも悪いこととも言えません。なぜなら、それだけあなたのつくる場に対して居心地良く、居続けたいと感じてくれる人が生まれているということだからです。ある意味、場づくりの成果と言えると思います。

しかし、ここでの問題は、そうした一定のリピーターが居着くことによって、場としての流動性がなくなって、自分たちとは違う考えや文化をもった人を寄せつけない空気になってしまうことです。つまり、排他性が生まれてしまうこととも言い換えられます。

これは非常に難しい問題です。というのも、内輪ノリは内にいる人たちからすると、居心地の良い空間で、それを壊すこと（内輪ノリをなくすこと）は、その居心地の良さをなくしてしまうことにつながる可能性もあるからです。しかし、そのままその内輪ノリを放っておくと、いつも同じ顔ぶれの何も変化のないコミュニティになってしまい、リピーター層にとっても求心力を失ってしまいます。

内輪ノリを防ぐための大前提として、場として誰でも受け入れる文化をつくっていくことが大切です。場づくりを始める際には、この場所にはこんな年代の人やこのような思考をもつ人が来てくれたらいいなと、特定の対象を決めるペルソナ設定をします。それは事業開始時に具体的な芯となる重要なものですが、設定はあくまで自分の思い描く、仮想の設定なのでそのペルソナに当てはまらない人が来る場合もあります。

あなたの開く場の雰囲気にはそぐわないと感じる人が来ることだってもちろんあります。そのような人が来たときに、どのような対応を取るかが内輪ノリになるかどうかの境目になります。「この人とは関わりたくない」と思ってしまうと、消極的な態度で対応をしてしまいがちです。しかしじつはその行動が、内輪ノリを広げてしまう原因になるのです。つまり自分のイメージに適応する人だけ来てくれればよいという考え方によって、対象外の人を排除してしまうと、結果的には内輪ノリにつながってしまうのです。

どんな人であっても受け入れ、歓迎する文化をつくることが重要です。たとえば「みんなの図書館さんかく」（以下、「さんかく」）では、どんな人が入ってきたとしても、同じように「こんにちは」と声を掛けるようにしています。

また〝内輪ノリ〟を防ぐもっとも有効的な方法は内輪をどんどん増やすことです。要するに、その場所を居心地良いと感じ、その場の主人公になれる人、主体的に動くことのできる人をどんどん増やしていけば、全員が内側となって内輪ノリは起こりません。内と外の境目をなくすのではなく、来る人来る人を内にしてしまえばいいわけです。

そもそも内輪ノリとは、「内輪」と呼ばれる少人数の人たちが小さなグループ（輪）となることで発生します。より具体的に言えば、ある少数グループが入り浸り、彼らの雰囲気がその場所を乗っ取ってしまい、新たに来た人が疎外感を感じて馴染めず、さらに内輪ノリが幅を利かすようになっていきます。

そこで私の提案する方法では、新しくその場に来た瞬間からどんどん内輪に引き込み、少人数のグループを拡大させていきます。その場所の主人公を増やし、新しい風が外からたくさん入ってくるようにして、彼らが新たな雰囲気につくり変え塗り替えていけば、結果的に内輪ノリが消えていきます。外の人をどんどん受け入れて仲間にしていくことを、「内輪の文化にしていく」とも言い換えられます。

「さんかく」では、さまざまな人が店番をすることによって、結果として内輪ノリが生まれにくい環境になっています。また運営側以外にも「店番をしたい！」と名乗り出てくれた本棚オーナーさんや地域の方が店番ができるようになっています。とくに最近は、焼津に移住してきたばかりの方が店番をしてくださることも増えて、地域とつながる窓口になり、さらに「さんかく」に新しい風を吹かせてくれることを実感しています。

固定されず、さまざまな人が店番をするため、行くたびに新しい人がいる場所、新しい風を感じられる場所になっています。もちろん毎日のように来てくれるリピーターもいますが、リピーター自身も店番をしたり、新しい人が店番をしているときに来館されることで、関係性が逆転していき、内輪感が薄くなっています。場の主人公、つまり「つくる側」にどんどん巻き込んでいく仕組みが、内輪ノリ対策として有効です。

また内輪ノリを助長させる原因として、空間的な要因も考えられます。物理的なスペースが小さければ小さいほど内輪で活動している雰囲気が出てしまいがちです。まちなかにある小さな居酒屋や隠れ家的なスナックは、一見だと気軽に入ることができません。これは場所が小さいからこそ滲み出る一見さんお断りの雰囲気が、悪い意味で伝わってしまうからです。空間のレイアウトや外観のデザインによって、こうした雰囲気はコントロールすることができます。開放的で誰もが入りやすい空間づくりを考えてみるのも大事なことです。（土肥）

15

（Q&A）

利用者や外部からの提案をどこまで実現すべきですか？

利用者の方から「こんなことをやってみたらどうか」「こんなことをやってみたい」と提案や相談を受けるのは、その場のことを気に掛けてくれる人がそれだけいるという意味で、喜ばしいことです。きっとその場のことを気に入っていて、より良くするためにどうしたらいいかを考えてくれているのでしょう。一方で、そうした提案や相談をどこまで実現していくかは、悩ましいところです。運営者としてその場のコンセプトとのズレが起こらないか不安になるでしょうし、だからと言ってせっかくの提案を断ってしまうのも申し訳のないことです。

こうしたときは第一に、その提案や相談に主体性があるかどうかがポイントになります。つまり提案や相談をした側がその場に対する当事者意識をもっておらず、「こうしたほうがいいんじゃないの」「もっとこうしてほしい」とお客さんのように言ってくる人も多いということです。それはアドバイスだったり、スーパーマーケットなどでよく目にする「お客様の声」のように場に対して求めているものです。

このような声は、どんなに素晴らしいアイデアだったとしても取り扱いに注意しなければならないと考えています。なぜなら求められることに一生懸命になりすぎると、運営がしんどくなってきて、どこかで行き詰まりが出てしまうからです。

たとえば「みんなの図書館さんかく」（以下、「さんかく」）の場合も、利用者から「もっと開館時間を延ばしてほしい」「こんな本も置いてほしい」と求められることがよくあります。しかし、こうした声に真正面から向き合うと、どんどん運営が大変になっていくのが目に見えています。さらに向き合えば向き合うほど、利用者のお客様化が進んでいって、運営者と利用者の区分けがハッキリとしてきてしまいます。

まちに開く場の良さは、良くも悪くも運営者と利用者の関係が曖昧なことにあると考えています。関係性が曖昧なゆえに利用者側の主体性が湧いてきて、場への参画が生まれ、みんなでつくっている感覚が醸成されてきます。

そこで私は「もっと開館時間を延ばしてほしい」と言われたら、「だったらお店番してもいいんですよ（笑）」と切り返してみたり、「こんな本も置いてほしい」と言われたら、「誰かが持ってくるのを気長に待つしかないですねぇ」と流したりしています（笑）。この方法はあくまでも私の方法なので、一つの参考にしてもらえればと思いますが、前提としての運営者と利用者の関係性はとても重要にしているポイントです。

では当事者意識の高い提案、つまり自分ごととしてその場を使って「何かしたい！ やってみたい！」という人に対しては、どのように向き合っていけばいいのでしょうか。一番わかりやすいのは「その場を使ってイベントをやりたい！」という相談です。「さんかく」の場合は、本のある場所という特性もあってか、読み聞かせ会や読書会、ほかにも講演会などを企画したいと相談を受けることがあります。テーマも多種多様で、自分の想定を超えるようなものももちろんありました。

場の運営者ごとに考える場づくりが違うのは当然で、私は基本的にその提案や相談が実現できる方法を考えたいと思っています。自分の立ち上げた場を使って「何かをやってみたい！」と思ってくれたのはとても嬉しいことですし、自ら提案し、自ら実行してくれる人は、その場にとって大切にしなければいけない人です。

こうした提案を受け入れる土壌をつくっておかないと、「何を提案しても受け入れてくれない場」という印象が強まって、参加したくない場になってしまう可能性もあります。小さな提案や相談の積み重ねが、場づくりにもつながっていくのです。

一方で「さんかく」はとても狭いスペースで、イベントばかりしていると入りにくい空間になってしまうため、イベント等の貸し切り利用をする場合は、時間制限を掛けています。具体的には、閉館後の一八時以降のみを貸し出すことにしています。このように、何でもかんでも提案を実現してあげればいいということではなく、場の利用者の日常が保たれることを大切にしています。

またこうした提案や相談について、もう一つ気をつけなければいけないことがあります。それはいくら当事者意識のある提案や相談だったとしても、あなたの運営する場を単なる貸しスペースや利用する対象として消費的に使おうとされる場合です。このような使われ方をされると場が豊かになるどころか今までいたファンがいなくなってしまう可能性もあります。

この見極めは難しいですが、どんな提案や相談がくるかは事前に予測のできないものですから、ケースバイケースで自分のしっくりくる基準をつくっていくとよいでしょう。（土肥）

16

（Q&A）

場を開いたけど人が来ません。どんな宣伝をしたらよいですか？

場づくりの準備はとても楽しいものです。どんな内装にしようか、どんな家具を置こうか、人が集まってきたらあんなイベントを企画してみよう。妄想がたくさん膨らみます。

しかしどんなに一生懸命に準備をしても、いざ場を開いたら全然人が来ない…。「やっと来てくれた！」と思ったら、みんな知り合いばかり。そして、その知り合いも来るのは最初だけで、だんだん足が遠のいていく。これはなかなか悲しいことです。

最初は張り切って毎日のように店番をしていたのも、週三日に減り、一日に減り、そもそもこの場所を続けるかどうかも考え始めるという、悪循環に陥っていきます。そんなときはどうしたらよいのでしょうか？

じつを言うと、この問題の解決方法は、Q＆A01の回答と重なるところがあります。先述した通り、いきなりハードの場づくりに挑戦しても、すぐに人が集まる場をつくるのは難しいでしょう。

何度も例に挙げている「さんかく」は、今でこそ月間で三〇〇～五〇〇名ほどの方が足を運んでくれる空間になっていますが、一般的な感覚であれば、見ず知らずの人がつくった民営図書館なんて怪しくて入るのに勇気がいるはずです。

たとえばまちに新しくできた飲食店も名の知れたチェーン店ならみんな足を運びますが、こじんまりした何屋かもよくわからない店だと、行くのを躊躇します。料理も下ごしらえが大事であるように、場づくりにおいても同じように下ごしらえが大切です。つまり場ができてから広報をし始めるのでは遅くて、準備段階から場づくりは始まっているのです。

これはマーケティング的な思考と似ています。商品開発をするときは、顧客のニーズはどんなところにあるのか？　どんなコンセプトを立てるか？　この商品を市場に出したら売れるのか？　など、細やかな調査を行なって、広報計画を立ててから商品化を目指します。

場づくりも同じで、どんな人がまちに住んでいるのか？　どんな場がまちに求められていそうか？　自分のイメージする場づくりはまちの現状とマッチするか？　などたくさんのヒアリングが必要です。ヒアリングと聞くと難しく感じる人もいるかもしれませんが、早い話が、たくさんの人に自分のつくろうとしている場の相談をすることです。

これが事前広報にもつながっていきます。また相談に乗ってもらうことを通じて、気づかぬうちに場づくりのプロセスに関わってもらうことにもつながります。Ｑ＆Ａ06でも触れたように一〇〇人くらいに話をしておくと、場が開いてから足を運んでもらえる確率が格段に上がると感じています。

ここまでは場を開くまでの準備の話でしたが、すでに場を開き、広報の仕方に悩んでいる方に向けても少しアイデアを書いておきたいと思います。実際のところ、その場になぜ人が来ないのかの理由はケースバイケースで、立地の問題、空間のレイアウトや外観の問題、認知の少なさの問題など、さまざまです。

ただ一つ言えることは、場に入るまでに何らかのハードルがあるということです。そのハードルを取り除くために必要なのは、もっと自分たちの場の認知を広げるために、その場から飛び出していくことです。

たとえば、私が中高生の居場所施設を運営していたときは、戸外で活動することを意識していました。施設手前の駐車場に人工芝を敷き、みんなで卓球をしたり、プロジェクターを使って大画面でゲームをしていたこともありました。こんなふうに戸外で活動していると、誰の目にも止まって気になりやすく、通りすがりに声を掛けてくれる人もいました。戸外で遊んでいることが施設の最大の広報にもなります。

ほかにも、地元で開催されているマルシェやお祭りなどのイベントに出店するのも一つのアイデアです。ただ自分たちの宣伝をするだけのブースだとおもしろくないので、何か自分たちが運営する場に絡ませた商品を販売したり、ワークショップを考えてみるのもよいかもしれません。

こんなふうに外に迫り出しながら、ちょっとずつ認知を広げていくなかで来館者を増やし、ファンに結び付けていくことが、地道だけど一番の近道だと感じます。

また自分の場づくりに行き詰まっているときは、どこか先進的な事例を視察に行くのも一つの方法です。視察をすることで自分の場を客観視でき、活かせる学びがたくさん見つかるはずです。ぜひ「さんかく」にも視察に来てくださいね。（土肥）

17

（Q&A）

行政からの支援はどうしたら得られますか？行政との付き合い方を教えてください。

行政連携には、さまざまなパターンが存在しています。わかりやすいものでは、補助金や業務委託などの金銭的な関係をもつこと、広報でバックアップをしてもらうこと、規制緩和をしてもらい活動しやすい環境をつくってもらうことなどです。

いろいろと支援をしてくれるのはありがたいことですが、行政との連携はうまく進めていかないと、逆にプロジェクトが破綻してしまったり、当初の思いからズレた活動になっていくこともあります。実際に、行政連携がきっかけで空中分解してしまった活動を目にしたこともあります。

まず「みんなの図書館さんかく」（以下、「さんかく」）の運営では、行政からの支援を一切受けていません。完全に自立した経営を行っていて、行政依存にならないことを開館当初から気をつけていました。「さんかく」のようなコミュニティスペースを運営する際に使える補助金の存在は知っていましたが、そこに依存してしまうのは危険なことだと考えていました。とくに家賃や水道光熱費、人件費など、場所の運営に関わるランニングコストを外部資金に依存していると、その資金が入らなくなった時点で運営ができなくなってしまいます。

私自身、行政からの委託事業で、中高生世代向けの若者の居場所施設や市民活動センターを運営していたことがあります。しかし、突然の行政の方針の変更による事業の打ち切りを経験しました。どんなに良い場を運営していたとしても、金銭的に行政依存体質になっていると、場を継続していくのが難しくなってしまうことがあります。そういった経験もあり、「さんかく」は完全に自立した経営を念頭に置いてきました。

だからと言って行政との関係がうまくいっていないのかというと、もちろんそういうわけではありません。金銭的な支援は受けていませんが、事業ベースで連携できることはしていますし、市役所の方が個人的に本棚オーナーとして参画してくれてもいます。また最近は地元の市役所だけでなく、さまざまな自治体から視察が来てくれて、アドバイザーのようなかたちで公共施設の活性化などをお手伝いさせていただくこともあります。

「良い活動をしているのに行政が支援してくれない」と不満を耳にすることがたまにあります。もちろん行政にその取り組みの重要性を理解してもらい、支援を受けたほうがよい分野もあります。一方で、ほとんどのコミュニティスペースづくりは、あなたが「場を開きたい！始めたい！」と思って始めた活動のはずです。確かにこうした活動の場合、儲からないことが多いですし、社会のために活動しているのに何で行政が支援してくれないんだ！と感じる気持ちもわからないではありません。しかしそれはあなたのプロジェクトですから、あなた自身で運営できる方法を考えるべきではないでしょうか。

加えて、これからの時代の行政予算は人口減の煽りも受けて、どんどん痩せ細っていきます。行政に何でもかんでもお金を出せるほどの余裕はない時代になってきています。こうした背景からも、自分たちの住みたいまちは自分たちでつくっていくことを基本スタンスにするのが重要だと考えています。

また面白いことに、こんなふうに自分たちだけで自立してやっていこう！と活動をして、人が集まり、外からの注目も集まるようになると、行政のほうから連携させてほしいと相談を受けることも出てきます。行政事業では多くの場合、成果が求められます。行政も、成果を出すためにどこと組むのがよいのかを、過去の実績などから判断しているのです。

たとえば、あなたが行政側の立場だとして、何の実績のない市民からコミュニティスペースをつくるから補助金を付けてくれ、連携させてくれと頼まれても、できませんと回答するはずです。裏を返せば、一定の実績をもっている人や団体であれば、連携の方法を前向きに考えるかもしれません。

行政と連携がしたいなら、素晴らしい事業計画やプレゼンテーションではなく、まず実績をつくることが重要です。つまり「やって見せる」ということです。まだ形のない商品をお客さんに売るのが難しいように、うまくいくかどうかもわからないプロジェクトに公金を付けてくれることはありません。長期的には壮大な計画をもっていたとしても、まずは小さくつくって目に見えるようにする必要があるでしょう。（土肥）

18

（Q&A）

困った人が入り浸っています。どうしたらよいでしょう？

「コミュニティスペースをつくる」というのは、一見聞こえの良い活動です。さまざまな人が関わり、温かなコミュニティをつくるのは華やかに見えて、自分もそのような活動をしてみたいと考える人も多いかもしれません。とてもやりがいのある活動ですし、楽しさもたくさんあります。しかし実際に場を開くと、運営者は多くのことに悩まされます。

そのうちの一つに、「困った人が入り浸ってしまう」ということがあります。まず「困った人」とは、どんな人だろうと思われる方もいるかもしれません。特定の人のことを「困った」というのは失礼なことですが、ここでの定義は、その人とどんな関わりをもつか、場としてどう接していくのがよいのか困っている人のことを「困った人」としています。ですから「あいつは邪魔だ！」「あいつは問題だ！」と差別的に扱うわけではありません。むしろすべての人に開かれる場であるために、私たちはどうしたらよいのか？を根本的に考えなければなりません。

具体的に困った人のどんなことに悩まされるのかというと、その人がいることによって居心地が悪いと感じる人が出てしまうことあります。その人自身には自覚がないけれど、人と話すときの距離感が近くなりすぎたり、自分の話ばかりをして初対面の人にも自分の思想や考えを押し付けてしまったり、差別的な発言をしたりと、さまざまなことがあります。ちょっとややこしいのは、本人にはそれで相手が困っているという自覚があまりないことです。むしろ良かれと思ってやっていることも多くあって、その認識のズレがコミュニケーションのズレにつながってしまっています。

「さんかく」は無料で入ることのできるスペースで、すべての人に開かれています。それゆえに、運営者としてはたくさんの「困った」に直面してきました。わかりやすいもので言えば、ある特定の人が来ることによって、「あの人が来るなら私は『さんかく』に行きたくない」という人が複数出てしまったことがありました。その「困った人」は男性で、女性に対してセクハラと取られてもおかしくない発言をしたり、初対面の人にも距離の近い接し方をしたりと、運営者も利用者も接し方に悩まされていました。

とくに女性が一人で店番をすることもあるため、より怖さを感じてしまったようです。これは本当に悩ましいことで、すべての人に開かれた場所でありたいという思いから場を開きすぎたことによって、逆に誰かにとって行きづらい空間になってしまいました。

まず対話が重要だと考え、その方には何度も「嫌に感じる人もいるようですよ」とか、「そういうのはやめてくださいね」とお話しする機会をもってきました。しかし行動はほとんど変わることがなく、むしろエスカレートしていくことさえありました。

そこで、この「困った人」に対して、どのように関わりをもっていくのがよいのか、運営に近いメンバーを中心に対話の場をもちました。解決策を探ろうとするのも目的でしたが、その人に対してみんながどう感じているのか、「さんかく」という場はどんな場であるべきなのかを見つめ直すことも目的の一つでした。

一般的な飲食店などであれば出禁、つまり出入り禁止にしてしまうことがあります。話し合いの場では、一つの方法として出禁についても議論されました。私としてはできる限り出禁は使いたくない方法で、本当に困ったときの最終手段だと考えていました。一方で、店番をするのは私だけでなく、女性だけですることもあります。店番をしてくださる方が恐怖を感じるようであれば、出禁という手段も取らざるを得ないでしょう。

そのときに、店番をしていたあるスタッフが、「正直なところ、その男性に対してあまり来ないでほしいという気持ちをもっていた。それを冷静に考えてみると、自分自身が未熟だからではないかと気づいた」と話してくれました。要するに、自分の価値観の範囲内に収まる人だけを受け入れる場づくりでは、異質なものを排除しようとしているだけで、本当の意味で多様性を認める場づくりにならないのではないかということです。

場を開けば、さまざまな価値観、さまざまな行動をする人がやってきます。自分たちにとって、気持ち良い人もいれば、自分にはちょっと合わないなと感じる人ももちろんいるでしょう。自分とは合わない人がいたときに、単に厄介者扱いするのではなく、その価値観を受け止めきれない自分自身を成長させる必要があります。

また、その人も何も悪意をもってそうした行為をしているわけではありません。その人の常識が自分の常識と違っただけで、嫌に感じた言動ももしかするとちょっとしたジョークのつもりだったかもしれません。そして、現にその人に嫌な気持ちをもつ人もいれば、いつも楽しく話をする人、来館した子どもと一緒に遊ぶ姿も見受けられました。必ずしもすべての人にとって「困った人」ではないわけです。

そもそも人と人はわかり合えるようで、なかなかわかり合えない存在です。育った環境や、世代が違えば時代も異なり、考え方ももちろんさまざまです。重要なのは、そうした異なる考え方を受け入れるのではなく、受け止めるということです。受け入れすぎてしまうと、自分自身を見失い、しんどくなってしまうことがあります。「こういう人もいるんだな」「なんでこの人はこういう言動を取るのだろう」と、まずは受け止めます。そうすると、どんな価値観と出会っても冷静に対応することができるようになります。

結果的にその場にいた人たちは、「私たちは未熟だった」「まずはおじさんを受け止めてみよう」という意見に共感し、「さんかく」では出入り禁止をつくらないと決めました。また、だからと言ってその人のすべての言動を受け止めるのではなく、女性に対する差別的な言動に関してはきちんと注意をするというルールを定めました。精神論だけではなく、ダメなラインをちゃんと線引きをしたことも重要なポイントだったと考えています。そして、今後「困った人」がいたら、それぞれがしんどくならない程度の程よい距離感で関わりをもとうということにもなりました。

場づくりに取り組む多くの人は、多様な人に来てもらい、さまざまな交流が起こる場をつくりたいと考えているはずです。しかしここで紹介したように、特定の人を排除しようとか、厄介者扱いをして陰口を言うような行為は、多様性を失わせていくことにもつながりかねません。

そうした「困った人」がいたときに、排除するのではなく、むしろ場の多様性として活かしていき、いろんな価値観をもった人同士が当たり前に共存できる場をつくることこそが、本当の意味での「コミュニティスペース」なのではないかと考えています。

一方で、困った人が原因で、運営側のストレスになってしまう場合もあります。そのような場合は、運営者が健康的に運営できない可能性もあるので、出入り禁止の案なども含めて、どうすれば無理なく運営できるのかを考える必要はあるでしょう。先ほどの事例のように、女性だけの運営体制だと、男性がたくさん来るようになったときに、危険な状況に直面する可能性ももちろんあります。

運営する人たちの健康と安心が最優先に置かれなければいけないのは、場づくりの大前提ですから、今回の「さんかく」の例が正しいというわけではないことは最後にお伝えしておきます。（土肥）

19 （Q&A）やっている意味がわからなくなりました。疲弊してしまったようです…。

やっている意味がわからなくなってしまったり、モチベーションが低下することは、場づくりにおいてよくあることです。ですから、そんなに気を落とさないでください。正直なところ、コミュニティスペースを維持していくことは非常に大変で、疲れることです。そして儲かる活動でもないので、何のためにこの活動をしているのだろうと思ってしまうタイミングは、やはり出てきてしまいます。私自身も「みんなの図書館さんかく」（以下、「さんかく」）や多くのまちづくりに関する活動に携わっていますが、活動する意義がわからなくなって、「何のために自分は動いているのだろう」と問い直すことがあります。

このような問いや悩みが浮かんでくるときは、活動を客観的に見直す良いタイミングとも考えられます。改めて場を立ち上げたときの気持ちを思い出し、場の目的を問い直してみましょう。

逆にこれをこじらせてしまうと、健康的に運営することが難しくなってしまいます。疲れているときには当然、休んだほうがよいです。まちづくり活動は自分の身を滅ぼしたり、しんどいなと思ってまで続ける活動ではないと考えています。むしろ自分自身が満たされていたり、気持ちに余裕がないと続けられない活動だとも思うので、自分の健康や気持ちを第一に優先するべきです。

それを防ぐコツは、疲弊しそうなポイントを先に見越して、疲れない運営の仕組みをつくることです。私が「さんかく」で月額で利用料を支払ってもらう、サブスクリプション型の運営方法を考えた理由もそこにあります。コミュニティカフェやゲストハウスのような、毎日集客をしなければいけない業態は、お客さんを呼び込み続けなければいけないので、定着化しないと経営はとても大変です。いつ来るかわからないお客さんを待って、「今日はコーヒーが何杯売れた」とか、「集客のためにＳＮＳの更新を頑張ろう」とか、日々の売上を気にしながら運営をしなければいけません。もちろん、そうした運営が自分の生きがいであったり、楽しいと思えるのであれば良いのですが、私にはそれだけを仕事にして、生活していくことはとてもハードルが高い

と感じました。カフェやゲストハウスオーナーの皆さんはとても尊敬します。

そうしたお店のオーナーと私が違うところは、私は場づくりだけでお金を稼ぎ、生計を立てていくことを想定していないことにあります。つまり、あくまでも「さんかく」は市民活動であって、ある意味で趣味の延長のような位置づけです。ですから「さんかく」では稼がないと先に決めていたのです。

これも場づくりで疲弊しないための重要なポイントだと考えています。つまり収益化の難しいコミュニティスペースで一生懸命稼ごうとするから、運営に疲れてしまうわけです。ですから私はそんなに稼げないけれど、安定的に収入が得られる月額の貸し本棚によるシェア型図書館のスタイルを導入することにしました。決して自分の人件費を補えるほどの儲けは出ませんが、場所の運営費はしっかり稼ぎ出すことができています。

さらに今日は少し疲れているから休みたいなと思ったり、忙しい時期に毎日店番をするのは難しいと一日休館したとしても、一ヵ月の売上には増減がありません。毎日開館していようが週に一度だけ開館していようが、売上はまったく変わりません。

また店番をさまざまな人が担当する仕組みを導入しているので、自分だけが重荷を背負うこともありません。本棚オーナーや「さんかく」に来るお客さんのなかにも、店番をしたいと名乗り出てくれる方がいらっしゃるので、負担を分散して運営することができています。

このように、自分の疲れそうなポイントを先に減らしておく仕組みづくりが、無理なく運営し続けるために重要なことです。

加えて、どうにもならなくなったときにスパッとやめられるように、撤退ラインや継続ラインを決める節目を定めておくことが大切です。「さんかく」は社会実験として位置づけているため、三年間は必ず続けるという節目を設けました。そのため三年経ったところで、その後の活動を継続するかどうかを再度検討しようと考えています。

このように先に節目のラインを定めておくと、そのラインまでは頑張ろうと思えるし、活動にメリハリも出てきます。撤退ラインというのは、必ずしも何年、何ヵ月の時間軸だけではなく、何円以上赤字が出たらとか、何人以上来たらとか、お金や人数の軸で定めることもできます。たとえば地域のイベント開催の場合、一〇回までは頑張るという節目を決めていれば、一〇回続けたあとにさらに一〇回取り組むのか、これで終了するのかを考えることができます。

場づくりはそこにリアルな場があることもあって、「やめる」と判断するのは大きな勇気がいることです。ただ違和感をもちながらだらだらと活動を続けるくらいならば、スパッとやめてしまうほうが、来る人にとっても自分にとってもいいかもしれません。(土肥)

20 〔Q&A〕やりたいことと求められること、どちらを優先すべきですか？

自分のやりたいことと利用者から求められることのどちらを優先するかは、あなたがどのくらいその場にコミットするかによって変わります。つまり、あなたが主体的に運営することを前提とするならばやりたいことを優先してもいいかもしれないし、むしろその場にいなくても回るように主体をどんどん譲っていきたいと考えているならば、求められることを優先したほうがよいでしょう。ちなみに私は完全に後者で、Ｑ＆Ａ15でもお答えした通り、その方法にはコツがあります。

実際にコミュニティスペースを開いてみると、地域の方々からいろんなことを頼まれたり、求められたりします。

たとえば「開館時間が短いから開館時間をもっと延ばしてほしい」という要望があったら、あなたはどうするでしょうか？　求められることを優先するならば、運営者が頑張って開館時間を延ばすのが正解かもしれません。しかし「みんなの図書館 さんかく」（以下、「さんかく」）では、私は「だったら店番をしてもらってもいいですよ！」と笑顔で答えています（笑）。

つまり求められることを通じて主体転換をしていきます。「開館時間を延ばしてほしい」と言っているときは客体の立場であり、〝お客さん〟のような心持ちです。そこで「いやいやあなたがやってもいいんですよ」と提案することによって、客体から主体に転換をさせていきます。私の経験上、ほとんどの方は「え?」と驚いたような顔をされますが、何人かに一人は「え? やってもいいんですか?」と言ってくれます。実際に店番をしてくれている方は何名もいます。

これは「さんかく」が利用者からいただく収入ではなく、本棚オーナーからの収入によって成り立っていて、利用者に強く出れることも前提となっています。私たちの「さんかく」は、本棚オーナーからの安定的な収入によって運営が回っていて、利用者がどれだけ増えたとしても収入に変化はありません。そのためどんな要望が出てきたとしても、それは利用者自身が主体となってやればいいという考え方になります。

「さんかく」では、私自身が運営に関与しすぎないような方針を取っています。そもそも、自分のやりたいことを優先しすぎてしまうと、自己満足の場になってしまう可能性がありまず。普段自分がいないのに、自分のこだわりややりたいことが最優先というのは、コミュニティスペースとしては最悪の状態です。

では求められることを優先して、どんどん受け入れていけばいいかというとそれも違います。なぜなら運営者が大変になってしまうからです。利用者が何かを求めているのは、「やってくれたらいいのに」くらいに考えている受動的な立場が前提となっていることがほとんどです。お客さんが神様というスペースであればそれでもよいかもしれませんが、少なくとも私たちがつくりたいのはそのような場ではなく、そこに集まる人たちの主体性がどんどん高まっていく場のはずです。

Q&A19でもお答えした通り、コミュニティスペースの運営は運営者側が疲弊したり、辛くなってまで続けるものではないと考えています。またその状態で続けても、利用者にとって居心地の良い場にはなりません。ですから、求められることに一生懸命に合わせすぎても、自分自身がしんどくなってしまっては元も子もないため、話半分くらいに聞いておくのも続けていくための大切なスタンスです。

一方で、自分のやりたいことばかりを優先してしまうと、自分本位の場になってしまい、ほかの人が寄り付かない場になってしまう危険もあります。あなたがやりたくて始めた場なのに、自分のやりたいことばかりをするのは良くないというのも変な話ですが、場づくりはそこに関わる人の声をどれだけ場に活かしていけるかが重要です。みんなで場をつくっている感覚をうまく醸成していけるとその場への愛着感が生まれ、主体的に参画を引き出すことができます。トライアンドエラーを重ねながら、やりたいことと求められることのバランス感覚を身に付けていきましょう。（土肥）

Ⅱ

プロセス

・民営図書館「みんなの図書館さんかく」をつくる

・地域の文化複合施設「ARUNŌ」をつくる

・場をつくる15ステップ

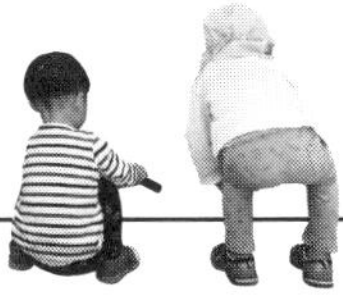

民営図書館「みんなの図書館さんかく」をつくる

「みんなの図書館さんかく」（以下、「さんかく」）は、ＪＲ焼津駅前の駅前通り商店街の空き店舗を活用した民営図書館です。補助金などの外部資金に頼らない自立した経営を目指し、お金と時間をシェアすることで、小さな公共空間づくりの社会実験に取り組んでいます。ここでは（一社）トリナスが運営する「さんかく」ができあがるまでのプロセスを紹介します――文｜土肥潤也

▽商店街に佇む民営図書館

もともとは同じ商店街の別のスペースで、「若者ぷらっとホームやいぱる」（以下、「やいぱる」）という行政委託による中高生世代のための居場所施設の運営を行なっていました。最終的に感染症拡大や事業の見直しなどによってこの施設はなくなってしまいましたが、これが商店街と関わる最初のきっかけになっています。私は焼津出身ではありましたが、商店街との関わりはほとんどなく育ってきました。たまたま運営を任された若者施設の場所が商店街の中で、「この商店街、意外と

面白いな」と感じたことで、今も関わり続けています。

正直な話、商店街と聞いたときは、よくある全国の事例のように、怖いおじさんがいて若い人の意見を潰すというイメージがありました。しかし焼津の駅前通り商店街の皆さんは柔軟に若者の声を聞き、率直に意見を言ってくれる気持ちよさがあって、とても活動のしやすい雰囲気の場所です。こうして本を書いて紹介をさせていただくほどに「さんかく」が注目をされたのも、商店街の皆さんがいつも私たちの活動を応援してくれる環境が前提にあります。

▽市民参画による公共空間づくりにチャレンジ——コンセプトを考える

民営図書館づくりに取り組み始めたのは、ドイツを訪れたことが大きく影響しています。日本とドイツでそれぞれ子ども・若者の社会参加や政治参加についての活動者同士が交流する文部科学省の事業があり、若者施設を運営していたこともあって派遣団の一人として選んでいただきました。一ヵ月ほどの滞在でさまざまな子ども・若者の活動を視察する経験もとても刺激的なものでしたが、それ以上に私が驚いたのは市民が当たり前のようにまちづくりに参加している姿でした。

たとえば公園の管理運営は近所の市民に委託されていて、子どもたちが安全に遊べるように整備をしていたり、まちのあちこちには電話ボックス型の本棚が置かれ、市民が自由に本の交換ができるようなスペースもありました。市民がまちに参画できる余白があちこちにあり、市民が主役の社会になっていることを肌で感じることができました。

一方で、日本はどちらかというと市民がお客さま化しているように感じます。公園をはじめとした公共施設や公共空間でトラブルが起こったら、行政にクレームを入れるだけで、自分たちで解決する空気はあまりありません。行政や政治家のせいだと批判をするだけで、自分たちで行動する人はほんの一部です。これまでにそんな場面を幾度となく目の当たりにしてきました。

人口が減少すれば税収も減っていきます。近い将来にこれまで当たり前だった公共サービスを維持することはできなくなり、既に公共施設などは新しく建てる議論よりも、どれを潰すか、どのように統廃合を進めていくかのフェーズに入っています。

こんな時代だからこそ、「自分たちの住みたいまちは、自分たちでつくる」の発想で、自らのまちにオーナーシップ（当事者意識）をもって、まちづくりに取り組むことが求められています。そんな思いから、市民参画による公共空間づくりに取り組むことを考え、「みんなの図書館さんかく」の開館に至っています。私はこれを「私設公共」と名づけ、その社会実験の取り組みとして、「さんかく」を位置づけています。

なぜ図書館だったのかはとてもシンプルで、自宅の本棚が本で溢れていて、まずはこれらの本をいろんな人に貸し出してみようと考えて計画を立て始めたからです。

▽伝手を頼って直接交渉──物件探し・不動産契約を結ぶ

もともと商店街で活動していたこともあって、商店街のなかで物件探しを始めました。既に商店街内で関係性ができていたため、「物件を探している」と話すと、「あそこが借りられるかもよ」「大家さんを紹介するよ」と、次々に情報が集まってきました。じつはこのとき、商店街内で不動産情報に出ている物件は一つもなく、大家さんと直接交渉をするしかありませんでした。これもシャッター通り商店街の一つの課題で、借りたい・買いたい人はいるけれど、ほとんどの場合、商売を辞めた持ち主が中に住んでいて賃貸や売買がされない物件になっています。

それから商店街の方に紹介していただいた物件の大家さんと何度かお話をするなかで、今の場所をお借りすることができるようになりました。民営図書館をつくりたいという思いを話すと、「まず一年やってみたら」と背中を押してくださり、最初の一年間は正規の金額よりも安い家賃設定をしてくれました（二年目から家賃は上がりました）。必ずしも収益を目的とした場所ではないことから、私たちの大家さんのように理念に共感をして、金銭的に考慮いただけるのは本当にありがたいことです。

焼津の駅前通り商店街にある「みんなの図書館さんかく」。正面左側にはチャレンジショップ。中の様子がよく見えて入りやすい

▽悩みながらも前向きな反応が後押しに――事業計画をつくる・資金調達をする

家賃や水道光熱費、ネット料金などの諸経費から逆算すると、月々に六～七万円ほどの経費が掛かる計算となりました。当初は自分の本を置くことを想定していたため、民営図書館兼オフィスのようなイメージで、経費は自分でもつことを考えていました。しかし「商店街にお店をもつんだから、事業計画をきちんと考えないと」とまわりからアドバイスをもらい、民営の図書館や書店などのユニークな事例を研究し、事業計画づくりを始めました。

書店でうまくいっているところはいくつかありましたが、民営や私設の図書館で事業として成立させている事例は見つけることができませんでした。そこで当時流行っていた一箱一箱を貸し出す書店スタイルを図書館に導入した「シェア型図書館」をつくってはどうかと思いつき、それを軸に「さんかく」の事業計画を固めていきました。

値決めは難しいところでしたが、高くも安くもないところをねらった二〇〇〇円と設定し、月々の経費とトントンになるくらいの約三〇棚を第一の目標にしました。とはいえ、一箱書店とは異なって、本棚を借りる人は本を販売できるわけではなく、本を貸し出すだけなので金銭的なメリットがありません。当初は「そんな本棚を誰が借りるの?」と否定的な意見も多く、本当にこのまま進めていくか悩んでいました。しかしこんな仕組みを多くの人に話すうちに好反応を示してくれる人が一〇名以上現れて、それが一つの後押しになりました。

そうした反応を受けて、クラウドファンディングを実施しました。お金を集める目的ももちろんありますが、それ以上に宣伝効果やクラウドファンディングを通じて支援を行うことによる参画感の醸成をねらいとしていました。

また、シェア型図書館のアイデアに好反応を示してくれた人がいたものの、それでも心配性な私は、クラウドファンディングのリターン品の一つに「一箱本棚オーナー」を入れ、本当にニーズがあるかの最終確認をしました。その結果、八名の方が本棚オーナーのリターンを選択してくれました。人数はまだ少なく、全員自分の知り合いではありましたが、八名もいるのであればきっと世の中に三〇名はいるはずだと考え、このアイデアに一定の自信を得ました。

▽プロの工事とDIYの二工程で進める――場のハードをつくる

全体のスケジュールとしては、物件の契約を行ったのが開館の約半年前。それから一ヵ月後にクラウドファンディングを実施しました。内装工事は大工さんにお願いする部分と、DIYで行う部分の二工程に分けました。床や壁、水まわりなど、最低限の部分を大工さんにお任せし、本棚の施工はDIYで行っていきました。

DIYはワークショップ型のイベントとして数回に分けて実施しました。イベントと言ってもゆるいかたちで、いつ来てもいいし、いつ帰ってもよいというスタイルです。参加のハードルを下げて、できる限り多くの人に「さんかく」の場づくりに関わってほしいと考えました。

大工さんは商店街で紹介していただいた方にお願いをして、紹介ということで相場よりもかなり安く施工をしていただけました。出世払いだと思っています（笑）。

「さんかく」はそれほど広くなく、全体で一五畳くらいのスペースです。工事全体で掛かった金額は二五〇万円ほどで、トイレやシンクなどの水まわりが未整備だったので、そこにお金が一番掛かりました。

「さんかく」を開設するタイミングで製材所の方と知り合うことができ、木材はすべて静岡県産材を購入し、大工さんに提供するかたちで施工を行ってもらいました。本の地域循環をねらった施設でもあったので、木材も地域材を使うことは一つのこだわりです。また「さんかく」の中に置いてある机も茶箱を活用していて、静岡らしい雰囲気になっています。椅子も地元の職人さんによる手づくりの椅子で、小さな空間のなかにも、一つひとつにこだわりをもってセレクトしています。

本棚はDIYで行ったとお伝えしましたが、じつは自分たちで施工をしているときに、大工さんが心配になって見にきてくれたことがありました。私

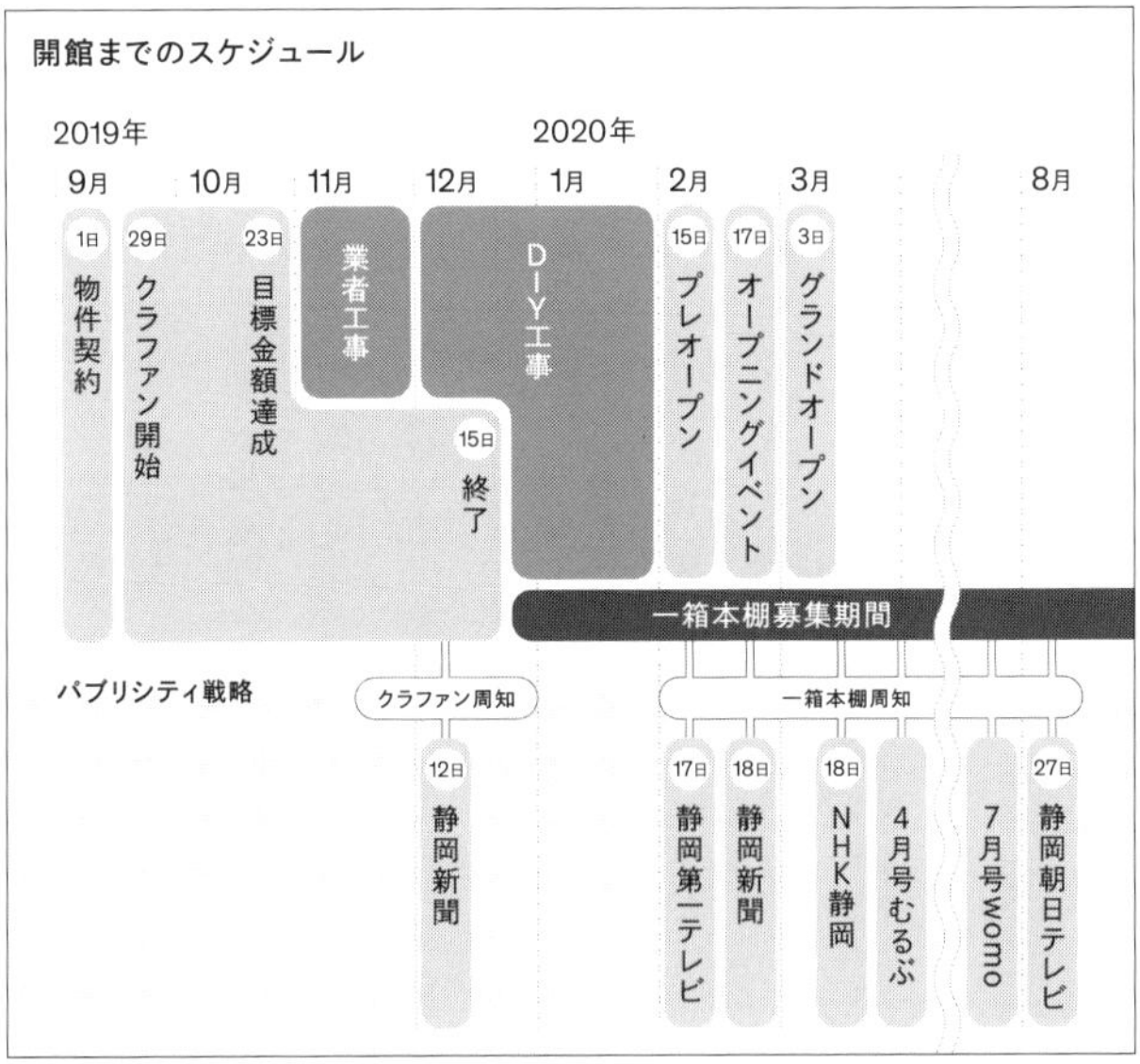

たちがつくった棚を見て「これじゃダメだ」と、打ち込んだビスを一本ずつ抜かれ、結局大工さんが全部やり直してくれたのは良い思い出です。そして、最後にニコニコしながら本棚施工費の請求書も持って来られました（笑）。もちろん大工さんがいなかったらきちんとした本棚ができていなかったので、ちゃんとお支払いしました。

▽チャレンジショップの仕組みを導入——運営する

一箱本棚オーナー制度を基盤に「さんかく」の事業計画を組み立てていましたが、大きな問題が残っていました。それはこのモデルだと人件費を捻出するほどは利益を生み出せないという点です。仮に本棚オーナーを一〇〇名集められたとしても、月二〇〇〇円×一〇〇名で、月二〇万円の売上にしかなりません。そこから家賃などの経費を差し引いたとしても、一人分の人件費を捻出するのはかなり難しいことです。さらに本棚オーナーが増えれば増えるほど、顔の見える関係性がつくりづらくなってしまいます。

そこで考えたのが〝チャレンジショップ〟の仕組みです。「さんかく」の路面に向かって左側のスペースはチャレンジショップになっていて、週一日から無料で出店できるようになっています。その代わりにお店を出しながら、「さんかく」のお店番をしてもらう仕組み

木材はすべて静岡県産材を使用、椅子は地元の職人によるもの、机は静岡らしく茶箱を活用と地域循環を意識した

になっており、人件費を掛けずに「さんかく」を開館することができています。

現在は、月曜日にイラストレーターによる似顔絵ショップ、火曜から木曜はコーヒースタンドが出店してくれています。出店する側にとっても、「さんかく」の来館者がお客さんになってくれる可能性があり、お互いにメリットがある仕組みです。

また「さんかく」の特徴的な仕組みとして、本棚オーナーにはお店番する権利があることを明言しています。義務ではなく権利であることがポイントです。本棚オーナーさんのなかには、将来自分で私設図書館をやってみたい人、古本屋をやってみたい人などもいます。「さんかく」でお店番をすることで、その夢が叶うことにもつながっているようです。

ほかにも最近は、移住者の方がお店番をしてくれることもあって、お店番を通じてまちの情報を得る良い機会になっていると感じます。来たばかりの土地だと自分の居場所を家以外で感じることが難しく、自らが主体者となってお店番をすることで居場所と感じられるようにもなります。

▽日常性を大切に、あえてイベントは企画しない——イベント企画を考える

場づくりには、日常性と非日常性の二つの側面があります。変わらない価値を提供し続け日々に溶け込む日常の場と、マルシェやお祭りなど、毎日はないけどあると楽しい非日常の場です。「さんかく」は圧倒的に日常の場を目指していて、そのためイベントを企画しないという鉄則をもっています。

たとえば、皆さんも行きつけのカフェや居酒屋などがあるかもしれませんが、そこで毎日のようにイベントを開催していたらどのように感じるでしょうか。私だったら、イベントばかりだと疲れてしまうし、貸切での利用が多いと「どうせ行っても入れない」と、次は行くのをやめようかなと思ってしまうかもしれません。

だからこそ、イベントは企画せず豊かな日常を提供し続けることに重きを置いています。そして、ほとんどの利用者は本を借りたり、コーヒーを飲みながら談笑することを目的に来館してくれていると感じます。

▽口コミも大事――宣伝する

それからクラウドファンディングが成功したこともあって、地元のテレビ局や新聞社からの取材が集まり、メディア露出が増えていきました。SNSでの情報発信ももちろん重要ですが、テレビや新聞の効果はやはり絶大で、本棚オーナーの希望者がみるみる増えていきました。

またDIYなどを通じて、多くの人が「さんかく」の場づくりに参画したことも大きな効果があったと感じています。場づくりの過程に関わった人にとって「さんか

マグは「さんかく」のマーク入り。ほかにしおりや布製バックなどの「さんかく」グッズもある

く」が自分ごと化していき、結果的に口コミにつながっていったということです。メディアやSNSなどと違って口コミを増やすための戦略を立てるのは難しいのですが、誰かに話したくなるように仕向けていくことが重要だと考えています。誰かに話したくなる（つまり口コミをしたくなる）には、その場に対して当事者意識をもってもらうことが大きな要素となります。そのためにDIYや本の寄贈、差し入れを持ってきてもらうなど、多様な方法でプロセスに参加してもらうこと、つまり参加の余白をつくっておくことが効果的です。

メディア露出や口コミの力もあって、気がつけば開館から三ヵ月で目標の三〇棚は達成でき、キャンセル待ちが出るほどの人気となりました。その後、本棚の増築を続けていき、現在では六〇名を超える本棚オーナーが契約をしています。

▽〝さんかく〟のもつ三つの意味を込めて――名称を考える

「さんかく」という名称は、一箱本棚オーナーの仕組みを思いつく前から考えていたものです。何が着想になっているかと聞かれると、正直なところ直感でしかないのですが、ひらがなで誰にでも愛される名称が良いのではないかと考えていて、「さんかく」が閃きました。

〝さんかく〟には三つの意味があります。まずは企画や計画に参加する意味をもつ「参画」の「さんかく」です。この場所自体が、いろんな人の参画によって成り立つ図書館になってほしいという思いで名づけました。そして三人寄れば文殊の知恵のことわざから、この場所に集まった人同士の課題、まちの課題をみんなで解決する場所にしたいという思いも含まれています。

また、「さんかく」の名づけをしてから気づいたことですが、「さんかく」の住所は三丁目三の三三で、なんと三に愛された場所だったのです。これを知ったときは、本当に運命的だと思いました。

▽使命感に駆られて子ども向けに変更――ターゲットを定める

今となっては「さんかく」は、〇歳から九〇歳を超える方まで、幅広い年齢層が利用する場所になっていますが、もともとは大人の図書館を目指すことを方針にしていました。というのも、「さんかく」の開館当時、二〇〇メートルほど先のところに市が建設する子ども館の計画があり、その中に子ども図書館も入ることになっていました。子ども図書館ができるのであれば、「さんかく」は大人の利用者層を厚くしようとターゲッティングを考えていました。また、金額的に本棚を借りるのもきっと大人だろうということも理由の一つでした。

「さんかく」が開館したのは二〇二〇年三月で、開館してからすぐに緊急事態宣言が発出されました。そのこともあり、一時は休館を余儀なくされ、これからというタイミングで出鼻をくじかれた思いでした。そんななか、来館してくれた小学生が、「学校も休校だし、公共施設も来ちゃいけないって言われる。だから、本を借りる場所がなくて困っているんだ」と話をしてくれました。

それを聞いて「何のためにまちの図書館をやっているんだよ!」と使命感に駆られ、その日のうちに、その小学生の言葉とともに子ども向けの児童書や絵本の寄贈をＳＮＳで呼び掛けました。多くの方が賛同くださり、三〇〇冊近い本が寄贈されました。

そのおかげで、休園中・休校中も幼稚園児、保育園児や小学生がたくさん本を借りに来てくれることになりました。結果として大人向けの図書館ではなくなってしまいましたが、「ありがとう」と子どもたちや親御さんから感謝をされると、図書館をつくって良かったなと嬉しい気持ちになります。こんなふうに、目の前の人が抱える課題に柔軟に向き合えるのも、民営ならではの良さなのではないかと考えています。

▽三年を区切りに――事業の継続性を考える

「さんかく」を開館した当初から、事業を続けるかやめるかの区切りを三年と設定しています。「さんかく」だから三年という安直な考えですが、意外と三年は良い区切りではないかと考えています。

相当、始めの座組みが間違っていなければ、最初の一年間はうまくいきます。立ち上がるときは熱量が高いし、応援も集まりやすいからです。二年目になるとちょっとずつ飽きが出てきて、利用者（もしくはお客さん）が離れていくことがあります。運営している自分自身も「何のためにこの場をやっているのだろう」と自問自答が出てくるとしたらこの時期です。そして三年目になると思いが続かなくなって、結果として撤退してしまう場所もあります（余談ですが、自分が大学生の頃に学生団体が潰れるのはだいたい三年とよく聞いたものです）。

間もなく区切りの三年を迎える「さんかく」ですが、現状では撤退の判断はなく、さらにもう三年を描く段階に来ています。本棚オーナーも黒字ラインを保っていますし、今では出てきた利益からパートタイムのスタッフを雇うこともできるようになりました。

一つ変化があるとすれば、これまでは良くも悪くも立ち上げをした私の図書館というイメージが強かったのですが、次の三年間で本当の意味での「みんなの図書館」としていきたいと考えています。そしてその移行は徐々になされており、今では自分がいなくてもほぼ運営が回るほどになっています。

本棚オーナーが並べる個性豊かな本のほか、寄贈本やガチャガチャ、雑貨なども置かれ、楽しく気さくな雰囲気

また、ありがたいことに「さんかく」の取り組みに共感をして、二〇二二年十二月現在で全国約五〇館に一箱本棚オーナー制度を活用した民営図書館が広がりました。私個人としては、一〇〇%成功とは言い切れない部分もあります。しかしこれほど広がったことで、この社会実験には一定の意味があったのではないかと考えています。そして次の三年間でさらに「さんかく」の実践を深化させ、新しい公共のかたちを模索していければと構想しています。

地域の文化複合施設「ARUNŌ」をつくる

「ARUNŌ -Yokohama Shinohara-」（以下、「ARUNŌ」）は（株）ウミネコアーキが自社事業として、企画から設計、不動産、運営までトータルデザインしているプロジェクトです。ここでは、「ARUNŌ」ができ上がるまでの一連のプロセスについて紹介していきます――文｜若林拓哉

▽地元のエリアリノベーションを目指して

私自身は神奈川県横浜市の新横浜～菊名周辺が地元で、先祖は少なくとも江戸時代からこのあたりに住んでいたようです。祖父の代まで農家を営んでいましたが、新横浜駅に東海道新幹線が開通した一九六四年頃から不動産業も始めました。最初に建てたのが「高砂荘」という二階建ての木賃アパートで、そこに暮らす住人や開発に伴って新しく移り住んできた地域住民が生活物資を買える場所として、一九六六七年には「新横浜食料品センター」を建てました。私は祖父のこの都市的な視点を大切にしたいと思い、現在はこの「新横浜食料品センター」の更新計画を進めています。地域

のことを考えるうえで、自分たちが所有している土地だけで完結するのではなく、もっと広い視点をもって向き合うことの意義は、祖父から学んだように思います。

　あるとき「新横浜食料品センター」の周囲にはたくさんの空き家が溢れていることに気づきました。この「ARUNŌ」プロジェクトもまた、自己完結せずに周辺に点を増やしながら、地域として面的に改善してゆくエリアリノベーションの中心として位置づけたいと考えたのが、すべてのきっかけです。

上｜新横浜駅の北口側は開発され高層ビルも見られるが、手前の篠原口側は緑豊かで閑静な住宅地である　下｜「ARUNŌ」の外観は、ほぼ元の郵便局建物のまま

▽旧郵便局建物との出会い──物件探し

　そこで、もともと知り合いだった（株）Gee.RSという地元の不動産コンサル会社の山本ルリさんに相談して、空き家の登記取得から持ち主へのアプローチまでを業務委託することにしました。後々「ARUNŌ」が入る旧・横浜篠原郵便局（以下、旧・郵便局）の情報が入っ

てきたのは彼女のおかげです。

旧・郵便局の建物はＪＲ新横浜駅・篠原口から南側に徒歩五分ほど進んだ住宅地の真ん中にありましたが、施設の老朽化に伴い、新横浜駅前に新しくできたビルに移転したことによって空き物件となっていました。旧・郵便局はすでに築四五年が経っていたため、オーナーさんも建て替えて駐車場やアパートにすることを検討されていました。しかしながら、私たちはもともと郵便局だったという歴史やその特徴的な外観のデザインに魅力を感じ、何とか残す方法はないかと考えた結果、自分たちで丸ごと借り上げて、再び地域の人びとが集まれる場所として生まれ変わらせることに決めました。

この判断をするのはなかなか容易ではなかったのですが、私たちとしても普段の建築設計業以外に安定した収益性のある事業をしたかったことや、エリアリノベーションの意志があったこと、何よりこの建物なら面白いことができそうだという直感的なワクワクを信じて踏み込んでいきました。

▽必要な収益を確保するためのコンテンツ決め——事業計画をつくる

まず、ここで何をするのか決めることにしました。その判断で重要になるのが事業性と予算感です。旧・郵便局の建物は約一〇〇㎡（約三〇坪）ほどで賃料は二一万円でした。坪四〇万で改修の工事費を算出すると、工事費は一二〇〇万円ほど。ここに保証金や設備費といった初期費用や運転資金を三〇〇万程度として合計一五〇〇万円。これを改修の事業性として理想的な三年程度で返せるようにしようと考えると、年間五〇〇万円を稼がないといけません。家賃が月二一万円ということを踏まえると、少なくとも月六三万円は稼がないといけない計算になります。実際にはここに人件費や水道光熱費なども可算されるので、さらに稼がないと事業としては成立しません。

そこで最初はこれを目標にどのようなコンテンツを入れるべきかを検討していきました。収益性が高いのは店舗による家賃収入ですが、旧・郵便局の敷地の用途地域は第一種低層住居専用地域のため、用途制限によって専用の店舗をつくることができません。店舗を入れるためには兼用住宅にする必要があります。そこでまず、建物の半分五〇㎡をシェアハウスとし、二組が住めるように計画することにしました。また建物自体は東側の前面道路に対して横長の形状のため、なるべく道路側に店舗空間を配置し、奥に住居部分が来るように計画しています。次に店舗部分です。残りが五〇㎡なのですが、周辺の家賃相場から考えると、坪一・五万程度が限界だと判断しました。すると、丸ごとテナント貸ししたとしても二三万ほどにしかなりま

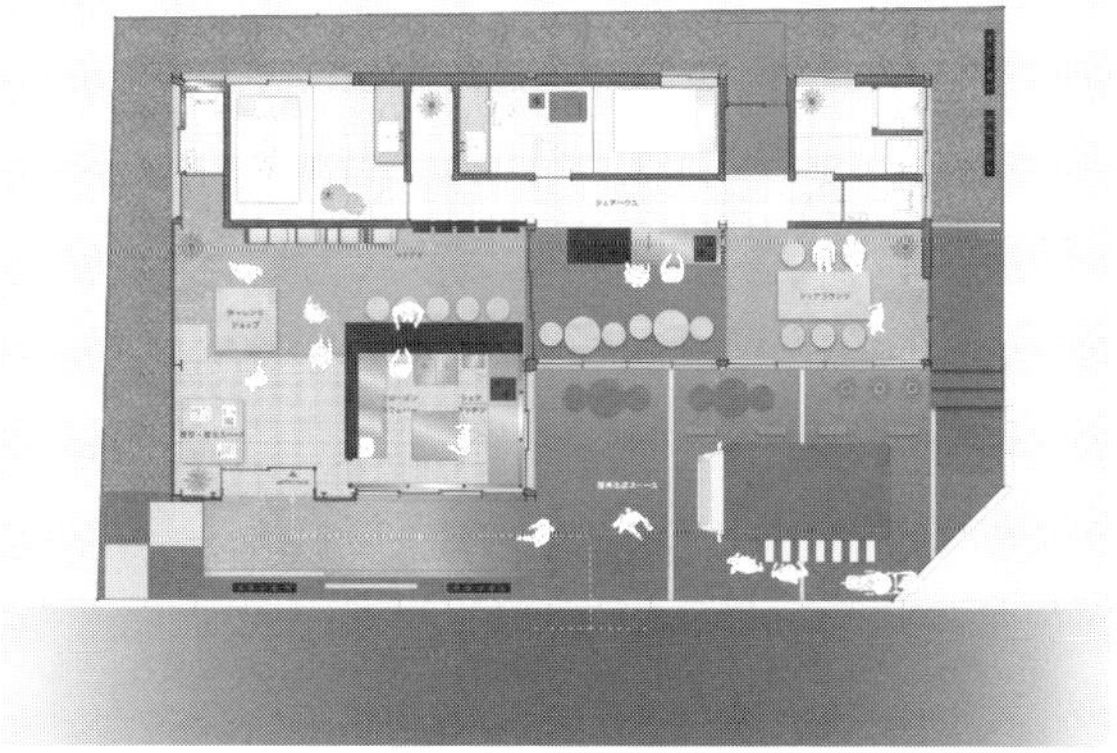

シンプルな平面ながら内部には店舗系の四つのコンテンツとシェアハウス、屋外にも出店スペースと、計六つのコンテンツが混在

せん。シェアハウス部分は相場的に高くても坪一万が限界そうなので、こちらも計算すると一五万ほどです。すると合計三八万にしかなりません。

さてどうしたものか？　と頭を捻ってみると、細分化したほうが家賃収入も上がる、という結論に至りました。たとえば、この場所で一〇㎡の飲食店を丸ごと一つのテナントに貸し出すと、約四・五～五万ほどになります。しかしながら、それをシェアキッチンとして一組に二万、それを五組に貸し出せば、月一〇万になります。ただし、これには大きな課題があります。運営の手間がものすごく増えるということです。これについては後ほどコンセプトについての節で詳しく説明しますが、私たちは運営手間を踏まえてもできるだけ場を細分化していき、関係人口を増やすことで収益源も増やす判断をしました。

▽〝未知への窓口〟というテーマーコンセプトを考える

このように事業性のおおよその目処が立ったあたりで、コンセプトを考えることにしました。ある程度の方針を見出したほうが効率的なのはもちろんですが、闇雲に理想だけ積み上げても全然現実的ではなく成立しなかった！　という手戻りを避けるためでもあります。

大事にしたことは、ここが〝郵便局であった〟という歴史的事実です。それを次の時代に継承していきたいと思い、丁寧に紐解いていくことにしました。郵便局は地域の人びとが送り物を持ち寄る場所であり、配達員が送り物を届けるための拠点であり、郵便だけでなく銀行・保険などの生活基盤となる場所でもあります。そこから、「おくる」ことをキーワードとして抽出しました。

そして、ただモノを「おくる」だけではなく、私たちの活動理念である〝well-doing〟＝より良く行動できる場というテーマをエッセンスとして加えて、利用者自身がまた違う場所や価値観まで「おくられる」ような場＝〝未知への窓口〟をキーコンセプトにしました。「未知」のセカイに辿り着くための「窓口」として、利用者がさまざまなコトに挑戦しやすい環境を提供することを目指して、コンテンツを決めていくことにしました。

また歴史を調べてみると、この郵便局と同時期に数多くの郵便局が建てられ、それらが同じように老朽化し、相続や建て替えの渦中にあるのではないかという仮説も浮上してきました。そこで私たちはこのような郵便局跡地を地域の人びととの中心となる場として再生させる事業を日本中で展開することも視野に入れることにしました。

上｜左手が厨房、右手は「マドグチ」。小さな棚それぞれが一棚から借りられる窓スペース　下｜厨房はフローズンカフェバーとシェアキッチンが共存するスペース

▽六つのコンテンツを組み合わせる——ターゲットを決める・事業計画をつくる

店舗部分にはフローズンカフェバー・シェアキッチン・「マドグチ」（一窓貸し&チャレンジショップスペース）・シェアラウンジの四つのコンテンツが入っています。まずフローズンカフェバーについては、Gee.RSの山本さんが冷凍自販機事業に関わっており、実験するためにテナントとして入居したいという希望があったこともあって、常駐で入居してもらうキーテナントに位置づけました。ここでは横浜ブランドにこだわった冷凍商品を仕入れ、販売・提供をしています。シェアキッチンや屋外出店スペースに出店するキッチンカーの料理などの冷凍・販売もしています。これは味・品質をそのままに冷凍できる専用の急速冷凍機を導入することによって実現しています。すでにでき上がっているものを加熱・盛り付けるだけなので、誰でも調理できる仕組みであることも特徴です。そのため最低限の説明を受ければ、誰でも気軽に店頭に立つことができるようになっています。

上｜「マドグチ」入居者によるチャレンジショップの様子。駄菓子屋を営業している　下｜シェアラウンジの様子。ウミネコアーキ事務所として利用中

シェアキッチンは、フローズンカフェバーと厨房スペースを半分ずつ共有しています。こちらは日替わりで店舗が変わる仕組みのキッチンとなっており、一日から気軽に利用できます。ビストロや韓国料理、バーなどさまざまなお店が出店しています。飲食店を開業するのはとても大変です。敷金や改装費といったお金だけで数百~数千万円掛かるだけでなく、時間も労力もたくさん掛かります。そして、いざ始めたとしてもうまくいくかどうかわかりません。そこでまず練習のために小さく始められる環境として、このキッチンを位置づけています。最悪失敗しても、それはそれで良い経験です。一念発起して大金をはたいて開業してから失敗するより遥かに健全です。

「マドグチ」は窓スペースとチャレンジショップスペースからなります。窓スペースは、一棚から借りて、趣味、仕事、つながりなど、自分の思い入れのあるモノゴトを展示・販売することができるスペースです。ハンドメイドアクセサリーや雑貨・食料・コスメなど多様な商品が並んでます。そして窓スペースを借りていれば、その手前で好きなように出店・滞在できるチャレンジショップスペースも利用できます。地域にどんな活動をしている人がいるのか知ることができたり、全然知らない土地のモノゴトに触れることもできる、そんな場所になっています。

シェアラウンジは、仕事やイベント、ワークショップ、友人との集まりなど、やりたいことはあるけど場所がないという方が自由に使えるスペースです。一時間から気軽に借りることも、曜日単位で借りることもできます。また空いているときは飲食の座席として利用することもできます。

このように、さまざまな小さく挑戦できる仕掛けをつくることで、〝未知への窓口〟となるような環境にしています。ターゲットのイメージとしては、新しく飲食店を始めてみたい三〇代の方や、趣味でハンドメイド雑貨をつくっている三〇～五〇代の方、パートタイマーを希望する主婦層、リモートワーカーの地域住民、ふらっと立ち寄る場所を求めるシニア層など、それぞれのコンテンツが異なるニーズを満たすような組み合わせになっています。それだけでなく地元の企業や町会といったローカルな関わりしろもあります。

一方で、内部だけではまだ収益が不足していました。そこで屋外空間も活用しています。まず前面の駐車場は屋外出店スペースとして活用し、キッチンカーやポップアップショップが出店できるようにしています。またフローズンベンダー（冷凍自販機）を設置することで、フローズンカフェバーが卸している商品を販売し、店舗営業時間外にも収益を上げます。コンビニ感覚で好きなときに美味しい食品が買えるようになるのは、地域の人びとにとっても価値になります。

ここまでのそれぞれの収入と支出から収支を見てみると、どうやっても五年は掛かりそうです。収入は楽観的に考えず、実現性の高い入居率として、収支からさらに稼働率を差し引いていることもありますが、事業性としてはあまり良いとは言えません。しかしこの段階でだいぶ旧・郵便局への思い入れも強くなっていたので、事業的には儲からないという前提で、それでも五年で回収できる程度の事業性にするための判断をするようにしました。

資金繰り表		実績		予定												
		10月	11月	12月	1月	2月	3月	4月	5月	6月	7月	8月	9月	10月	11月	12月
屋内事業	家賃収入										385	385	385	385	385	385
	支払家賃						0	220	220	220	220	220	220	220	220	220
	固都税　建物付属設備										12	12	12	12	12	12
	固都税　器具備品										6	6	6	6	6	6
	物件管理費										20	20	20	20	20	20
	水道光熱費										20	20	20	20	20	20
	火災保険										2	2	2	2	2	2
	減価償却費										66	66	66	66	66	66
	法人税　25.99%	0	0	0	0	0	0	0	0	0	0	10	8	8	8	8
	支出合計	0	0	0	0	0	0	220	220	220	346	356	354	354	354	354
	利益	0	0	0	0	0	0	-220	-220	-220	39	29	31	31	31	31
	CF　①	0	0	0	0	0	0	-220	-220	-220	105	95	97	97	97	97
屋外フローズンベンダー	2台売上									1,000	1,000	1,000	1,000	1,000	1,000	1,000
	2台商品仕入									700	700	700	700	700	700	700
	2台管理費　3%									30	30	30	30	30	30	30
	2台諸経費									22	22	22	22	22	22	22
	2台リース代									70	70	70	70	70	70	70
	法人税　25.99%	0	0	0	0	0	0	0	0	0	46	34	37	37	37	37
	2台支出計	0	0	0	0	0	0	0	0	822	868	856	859	859	859	859
	利益	0	0	0	0	0	0	0	0	178	132	144	141	141	141	141
	CF　②	0	0	0	0	0	0	0	0	178	132	144	141	141	141	141
屋外駐車場	キッチンカー								30	60	60	60	60	60	60	60
	屋外経費								10	10	10	10	10	10	10	10
	法人税　25.99%	0	0	0	0	0	0	0	0	5	12	10	10	10	10	10
	支出計	0	0	0	0	0	0	0	10	15	22	20	20	20	20	20
	利益	0	0	0	0	0	0	0	20	45	38	40	40	40	40	40
	CF　③	0	0	0	0	0	0	0	20	45	38	40	40	40	40	40
	CF①②③	0	0	0	0	0	0	-220	-200	3	275	279	278	278	278	278
	借入金返済利息					0.4	0.4	0.4	0.4	0.4	106	106	106	106	106	106
	余力	0	0	0	0	-0	-0	-220	-200	2	169	173	172	172	172	172
	余力累積額	0	0	0	0	-0	-1	-221	-422	-419	-250	-77	94	266	438	610

		10月	11月	12月	1月	2月	3月	4月	5月	6月	7月	8月	9月	10月	11月	12月
	旧郵便局 PJ	0	0	0	0	0	0	-220	-200	2	169	173	172	172	172	172
収入	その他収入計	0	0	0	0	0	0	1,000	13,150	600	2,400	1,900	2,400	0	1,200	400
	借入・事業主貸	1,000	0	0	0	1,000	0	400	20,000	0	0	0	0	0	0	-5,000
支出	工事費他支払い									5,000		5,000				
	その他支出	30	60	34	424	474	2154	1,241	1,411	2,040	1,740	1,740	1,740	2,040	1,740	1,740
	収入ー支出	970	-60	-34	-424	526	-2154	159	31,739	-6,440	660	-4,840	660	-2,040	-540	-6,340
	前月繰越	970	910	876	452	978	-1,177	-1,238	30,300	23,863	24,692	20,025	20,856	18,988	18,620	12,452

「ARUNŌ」事業計画書の抜粋（参考）

収支フロー概算

償却資産簿価　15,000 千円 消費税　1,500 千円	家賃 350,500 共益費 34,500 合計 385,000		
	管理費		
	固都税	建物付属設備 15,000 千円　15 年	150 万円未満になると償却資産税申告不要
		器具備品　5,000 千円各資産ごと	

収支フロー

借入金　20,000 千円　金利　当初３年 0.31％　その後 1.21％

	100%	1 年目	2 年目	3年目	4年目	5年目	6年目	7年目	8年目	9年目	10年目	11年目	12年目	13年目	14年目	15年目
屋内事業	家賃収入	2,310	4,620	4,620	4,620	4,620	4,620	4,620	4,620	4,620	4,620	4,620	4,620	4,620	4,620	4,620
	支払家賃	1,980	2,640	2,640	2,640	2,640	2,640	2,640	2,640	2,640	2,640	2,640	2,640	2,640	2,640	2,640
	固都税　建物付属設備	72	140	140	140	140	140	140	140	140	140	140	140	140	140	140
	固都税　器具備品	36	70	70	70	70	0	0	0	0	0	0	0	0	0	0
	物件管理費	120	250	250	250	250	250	250	250	250	250	250	250	250	250	250
	水道光熱費	120	240	240	240	240	240	240	240	240	240	240	240	240	240	240
	火災保険	12	25	25	25	25	25	25	25	25	25	25	25	25	25	25
	減価償却費	396	750	700	650	600	550	500	450	400	350	300	250	200	150	100
	法人税　25.99%	42	0	131	110	129	137	166	171	183	193	203	214	224	234	245
	支出合計	2,778	4,115	4,196	4,125	4,094	3,982	3,961	3,916	3,878	3,838	3,798	3,759	3,719	3,679	3,640
	利益	-468	505	424	495	526	638	659	704	742	782	822	861	901	941	980
	CF　①	-72	1,255	1,124	1,145	1,126	1,188	1,159	1,154	1,142	1,132	1,122	1,111	1,101	1,091	1,080
屋外フローズンベンダー	2 台売上	7,000	12,000	12,000	12,000	12,000	12,000	12,000	12,000	12,000	12,000	12,000	12,000	12,000	12,000	12,000
	2 台商品仕入	4,900	8,400	8,400	8,400	8,400	8,400	8,400	8,400	8,400	8,400	8,400	8,400	8,400	8,400	8,400
	2 台管理費　3％	210	360	360	360	360	360	360	360	360	360	360	360	360	360	360
	2 台諸経費	154	264	264	264	264	264	264	264	264	264	264	264	264	264	264
	2 台リース代	490	840	840	840	840	840	840	840	840	840	840	840	840	840	840
	法人税　25.99%	228	265	486	429	444	440	441	441	441	441	441	441	441	441	441
	2 台支出計	5,982	10,129	10,350	10,293	10,308	10,304	10,305	10,305	10,305	10,305	10,305	10,305	10,305	10,305	10,305
	利益	1,018	1,871	1,650	1,707	1,692	1,696	1,695	1,695	1,695	1,695	1,695	1,695	1,695	1,695	1,695
	CF　②	1,018	1,871	1,650	1,707	1,692	1,696	1,695	1,695	1,695	1,695	1,695	1,695	1,695	1,695	1,695
屋外駐車場	キッチンカー	450	720	720	720	720	720	720	720	720	720	720	720	720	720	720
	屋外経費	80	120	120	120	120	120	120	120	120	120	120	120	120	120	120
	法人税　25.99%	68	78	136	121	125	124	124	124	124	124	124	124	124	124	124
	支出計	148	198	256	241	245	244	244	244	244	244	244	244	244	244	244
	利益	302	522	464	479	475	476	476	476	476	476	476	476	476	476	476
	CF　③	302	522	464	479	475	476	476	476	476	476	476	476	476	476	476
	CF①②③	1,248	3,648	3,238	3,331	3,294	3,361	3,330	3,325	3,314	3,304	3,293	3,283	3,273	3,262	3,252
	借入金返済利息	737	1,410	1,410	1,410	1,410	1,410	1,410	1,410	1,410	1,410	1,410	1,410	1,410	1,410	1,410
	余力	511	2,238	1,828	1,921	1,884	1,951	1,920	1,915	1,904	1,894	1,883	1,873	1,863	1,852	1,842
	余力累積額	511	2,749	4,577	6,498	8,382	10,333	12,254	14,169	16,073	17,966	19,850	21,723	23,585	25,438	27,280
	借入金残高	17,392	16,174	14,952	13,787	12,608	11,415	10,207	8,984	7,747	6,495	5,227	3,943	2,645	1,330	0

融資額回収期間比較

初期費用

総工費	13,636,364	円	
消費税	1,363,636	円	
フローズンベンダー初期投資費用	900,000	円	
初期８か月分家賃	1,680,000	円	
HP 制作費	1,000,000	円	
什器	500,000	円	
小計	19,080,000	円	…a

【住宅部分】

個室 A	65,000	円	
個室 B	65,000	円	

【店舗部分】

厨房 (フローズンカフェバー)	150,000	円	
チャレンジショップ	108,000	円	
シェアスペース	49,500	円	
小計	437,500	円	…b

【屋外部分】

フローズンベンダー	178,000	円	…c
キッチンカー出店料	60,000	円	…d

月間支出

賃料	210,000	円	
人件費	75,000	円	
イベント開催費	20,000	円	
プロモーション費	5,000	円	
小計	310,000	円	…e

収支

住宅及び店舗年間収入 (b × 12)	5,250,000	円				
年間収益 (空室率 90%~95%)	4,725,000	円	~	4,987,500	円	…f
フローズンベンダー年間収入 (c × 12)	2,136,000	円				
年間収益 (稼働率 80%~120%)	1,708,800	円	~	2,563,200	円	…g
キッチンカー年間収益 (d × 12)	720,000	円				
年間収益 (稼働率 60%~140%)	432,000	円	~	1,008,000	円	…h
年間支出 (e × 12)	3,720,000	円				…j
年間収益（ i -　j　）	3,145,800	円	~	4,838,700	円	
融資額回収期間 (a ÷ d)	4.5	年	~	2.9	年	

※初期費用のうち、融資にて調達する金額は 15,000,000 円
　残額は自己資金にて賄う

▽なかなか厳しいスケジュール スケジュールを組む・不動産契約を結ぶ

最初にこの話がもち上がったのが二〇二一年の夏頃で、オーナーさんに初めて運用方法をプレゼンしたのが八月末でした。そこから紆余曲折ありましたが、なんとか私たちがここを借り上げる方針に定まったのが一〇月頃です。またアスベスト調査をしたところ、建物天井の吹付ロックウール材に混入していたため、その撤去工事も必要でした。最終的には、アスベスト撤去工事の工期の都合で二月まで使用できないことと、オーナーさんのご配慮で三月はフリーレントにしていただけたので、三月から工事に入れるようなスケジュールを組むことが必要でした。不動産契約はこのスケジュールをベースに進めることになりました。

重要になったのは、どのような契約内容にするかです。事業性を踏まえると、賃貸借契約の期間を少なくとも五年にしてもらう必要がありました。事業の途中で契約期間が終わってしまい、更新料が発生しないようにするためです。また運営の仕組み上、サブリース契約にしてもらうことも肝心です。自分たちが元付で入居者と契約できるようにするためです。これが認められていないと、オーナーさんと入居者が契約することになり、管理が非常に煩雑になってしまいます。これらの必要性を説明し納得してもらえるように交渉していきました。

また話が決まったのは一〇月頃ですが、スケジュールから逆算すると、設計期間が基本設計・実施設計・見積り調整合わせて五ヵ月ほどしかありません（基本的に同規模のほかのプロジェクトでは各フェーズに少なくとも三ヵ月ずつ、計9ヵ月程度掛けています）。ここにきて、事業主側の気持ちがわかってきました。設計期間が延びるほど、空家賃が発生する事態が生じてしまうことを身をもって理解したのです。逆に不動産契約をする時点で、なるべく空家賃を発生させないためには、できるかぎりスピーディに設計してほしい、というクライアント側の意向もよくよく理解できるようになりました。

▽難航する資金調達──資金調達をする

このあたりから、銀行への融資の相談も同時並行で進めていきました。最初は個人で融資してもらおうと思っていたのですが、そうすると連帯保証人を自分以外に付けないといけません。そこで、この事業が始まったこともあり、それまでフリーランスとして続けていたウミネコアーキを、二〇二二年一月に法人化し、株式会社ウミネコアーキにすることにしました。そうすることで法人名義で借りられるようになり、連帯保証人は自分のみで十分になりました。

しかしここで別の問題が浮上します。立ち上げて間もない企業に、なかなか融資をしてくれる銀行がないことです。幸い、私たちは巡り合わせで地域での活動を応援する地元の信用金庫と話を進めることができましたが、それでも横浜市の保証協会経由では一〇〇〇万円までしか借りることができません（さらにそこから保証料として八〇万ほど引かれました）。会社としての信用があれば保証協会を入れなくても融資してもらえるのですが、でき立てホヤホヤの企業ではそうはいきません。そして、これができ立ての企業が銀行から初期に融資してもらえる金額の上限だと思います。全然足りません。

そこで日本政策金融公庫にも相談することにしました。公庫は、信用金庫からの融資が決まれば、運転資金として上限五〇〇万円融資できるということでした。ここが重要です。運転資金になら融資できるというのです。私たちは工事費用と運転資金を合わせて一五〇〇万という計算をしていたのですが、工事費用と運転資金は別々のところから融資をしてもらうようにしないと手続き上難しいことと、金額が大きい信金が採択されたうえで公庫が融資を決定する順番にしたい旨を伝えられました。そうなると、工事費用の目処が立っていないことから不足が生じているので、そもそも信金からもお金が借りられないという事態が発生します。さらに輪を掛けて設計デザインの問題も浮上してきます（これは後述します）。

▽費用と睨めっこしながら設計デザインに反映する――場のハードを考える

設計デザインは、予算の制約が大きいなかでいかにコンセプトを反映させるかに注力しました。そこでおおまかには①既存内装を解体したままの状態にすることで、工場のような新しいモノゴトが生まれそうな空気感をつくること、②既存建物の構法を参照して、柱梁を強調したデザインにすること、③バラバラな要素が点在しながら全体として統一感を生むように、個々のコンテンツ間で少しずつ関係性のある素材や色、つくり方を合わせていくこと、を意識しました。

①では、外壁や天井面はなるべく剥き出しの状態にして店舗部分の床も既存をそのまま活用、シェアハウス部分のみ断熱性を高めつつ仕上げるというメリハリをつけています。②で

は、シェアハウス部分を一二〇角のヒノキ材を用いて真壁のようにつくり、既存建物の鉄骨造のイメージを内部にまでもち込むことで、この建物が積み重ねてきた歴史へのリスペクトを表現しています。③では、キッチンやトイレといった水回りにはＬＧＳ（軽鉄下地材）、天板や棚には青色のカラーＭＤＦ、内壁面の仕上げは場所に応じてさまざまなカラーのＡＥＰ塗装、棚や内壁仕上げのラワン材にはオイルステイン塗装といったように、それぞれの場所で素材や色に共通点があるように構成しています。③の色味については、現場が始まって空間がある程度見えてきてから判断しているところも多いです。

シェアハウス ROOM A 内観。ラワンとクッションフロアのタイル模様が特徴的。各部屋には洗面台が付いている

設計を進めていくうえで、大きな問題が発生します。予算が全然合いません。当初は一二〇〇万の予定でしたが、直近の材料費の高騰による煽りをもろに受けてしまいました。最初の見積りが二〇〇〇万を超えて出てきたときには目を疑いました。今までであれば、ここまでの金額が掛かるような仕様ではなかったからです。そこから切り詰めに切り詰めて、ようやくたどり着いたのが一五〇〇万を少し下回るぐらいです。ここが限界でした。

するとどうなるでしょう？ 予算が全然足りないという事態になります。もはや八方塞がりです。ここで私たちは思い至ります。すべてを銀行や公庫の融資で賄うのではなく、自己資金を投入しようと。会社設立時の資本金は一〇〇〇万円で、これを元手に融資の話をしていましたが、差額がまだ四〇〇〇万円あります。ここをメンバー内で何とか協力して捻出することにしました。

これでようやく信金からの融資にこぎつけることができ、それに引き続き公庫からも融資をもらえることに決まりました。運転資金についても、当初の想定を上回る不動産契約上の費用や、こだわりたいがためのデザイン外注費、設備機器代なども嵩み、最終的に五〇〇〇万になっていました。ですから最終的な総事業費は工事費一五〇〇〇万円＋運転資金五〇〇〇万円＝二〇〇〇〇万円となり、そのうち信金一〇〇〇〇万円＋公庫五〇〇〇万円＋自己資金五〇〇〇万円という組み合わせで成立させています。

ようやく融資の目処がつき、設計内容も落ち着いた頃には既に五月に入っていました。大幅なタイムオーバーです。何とか急いで工事を進めてもらい、七月中のオープンを目指すことにしました。

この規模のリノベーションなので、工期は二ヵ月ほどで済むだろうと判断し、当初は三〜四月に工事、五月のGW明けからオープンしようと思っていたのですが、まだ工事にすら取り掛かれていないという事態です。これによって何より家賃が無駄に発生しているという問題があります。こうならないように、できるかぎりスケジュール通りに進めるマネジメント力が必要です。

▽「ウミネコアーキ」から派生して「ARUNŌ」という名に――名称を考える

時期は少し戻りますが、当初の予定に合わせて、三月頃からグラフィックデザインの検討も進めていました。おもにロゴマークとウェブサイトのデザインです。

そのためには施設名を決める必要があります。最初に候補として考えたのは、「THE POST」という名前です。郵便局は英語で〝POST OFFICE〟なので、その名残りを残しつつ、「おくる」場所として伝わりやすい名称なのではないかと考えました。またこの「THE」の「T」を「〒」にして、さらに郵便局っぽさを出すデザインを検討していました。

ここである日、ふと山本さんから「このマークって使っていいんですかね?」という一声がありました。公共的なマークだから大丈夫だろうと思っていましたが、非常に不安になり、すぐさま日本郵政に問い合わせると、「POST」という名称も「〒」も日本郵政に権利があるので使用しないでください、とのお達しがありました。危ないところでした。確認せずに使っていたらどんな訴訟問題に発展したかわかりません。事前に危険の芽を摘むことができたのも山本さんのおかげです。

とはいえ、名称はまた一から考え直しです。あれこれ考えますがなかなかピンときません。そんなこんなで数時間議論したあと、ふと、ウミネコアーキが手掛けているというエッセンスを加えるために、鳥をモチーフにするという案が浮上しました。それを郵便局と掛

「ARUNŌ」ロゴ・タグライン

け合わせようと。さて「郵便局っぽい鳥とは?」と考えて真っ先に浮かんだのが伝書鳩です。そこで伝書鳩を題材にした物語があれば、そこから名前を採ろう、となりました。そして探してみるとちょうどあったんです。『シートン動物記』という一九世紀末にイギリスの博物学者シートンが編纂した五五編の物語のなかに、「伝書鳩アルノー」という物語が！ただ原題の綴りがフランス語っぽくて格好良かったため、日本的な表現としてローマ字表記の「ARUNŌ」にすることにしました。

　またこの「ARUNŌ」をパッケージ化して日本中で活用できるようにするために、タグラインには市外局番と地名をつけることにしました。これで「ARUNŌ -Yokohama Shinohara-」が生まれることになります。

「ARUNŌ」は文字のみのロゴにしており、マークはとくに作成していないのですが、その代わりに「ARUNŌ」の「A」が特徴的な形状をしています。これはコンセプトである郵便局の「窓口」のうち、明治期につくられた木造の洋風郵便局によく見られるアーチ形状の窓口のデザインをイメージしつつ、鳥かごにもみえるような、ダブルミーニングなデザインを意識しています。また宣伝広告用のリーフレットデザインにもこの「A」の文字を採用し、見開きの形にすることで開けると別の世界につながるというニュアンスを込めています。

　ウェブサイトのデザインについてもいろいろと工夫を凝らしています。ウェブサイト自体にはあまり要素を詰め込まずに、比較的変わらない要素であるコンテンツと問い合わせフォームのみにし、概要を伝える「ABOUT」は、今後どんどん情報を増やしていくこと、理念への共感をベースにつくることを想定して「note」にリンクが飛ぶようにしています。また流動性の高い営業時間やテナント情報などは「Instagram」で扱い、個々のテナントについてはそれぞれの情報のみを各コンテンツに掲載するという仕組みにしています。

▽さまざまな方法の発信―宣伝をする・取材について考える

宣伝については、自身のＳＮＳでの発信だけでなく、「PR TIMES」の利用に大きな影響力がありました。これによって地域のローカルメディアだけでなく日経新聞にまで掲載されることになり、かなり手早く周知することができました。ローカルメディアの力も大きく、「載ってたの見たよ〜」と連絡をくれたり足を運んでくれたりする地元の同級生や先輩、先生、ご近所さんがたくさんいたことも大変励みになりました。また建築系でこのようなメディア発信をすることが珍しいようで、それに注目してくれるメディアもありました。

とはいえ、そのような空中戦だけでなく、地に足のついた宣伝ということで、Ａ２判ポスターを作成して施設前に掲示したり、Ａ４判ポスターを作成して配って回ったりということも同時に行っています。近隣の方の力添えによって支えていただけるものなので、対外的な評価以上にそれは大事にしないといけません。

取材は基本的になるべく受けるようにしています。それによってより多くの方々に知ってもらえれば、結果的に入居者にとってメリットがあるからです。一方で職業柄、建築系の方向けに案内することも多いのですが、これはなるべく絞りたいと考えています。誤解を恐れずに言えば、時間だけ掛かり全然利益につながらないからです。お店の売上は私たちには直接的には関係ありませんし、そのような方はとくに入居したり利用したりすることもないからです。もちろん友人であれば気兼ねなく案内しますが、「勉強させてください」という方が一番厄介で、そういう方に限って店にお金を落としてくれないこともしばしばなため（多少は偏見もあるかもしれません）、とかく自分本位に感じてしまいます。そのようなことも考えると、見学の有料プラン化は互いに気まずい思いを避けられる良い術かもしれません。

▽自分が楽しむためのイベント―イベントの企画を考える

イベントは、大々的なものは二〇二二年七月九〜一〇日のプレオープンと八月一〇日のグランドオープンぐらいで、それ以外に集客目的の目立ったものはあまり催していません。この二回は近隣に周知するためのきっかけとして、入りやすいシチュエーションをつくるために開催しましたが、基本的には日常的に入りやすい環境をつくることのほうが重要で、そのための工夫を怠らないように注力すべきだと思います。

イベントをやれば瞬間的に人は来ますが、どうしても無理が生じてしまいますし、そのことでコンテンツによっては使用の制限が出てしまいます。それでは入居してくれている方に対して申し訳ないですし、調整するのも結構な手間が生じます。それよりは平穏な日常で日々盛り上がるように努めるほうが健全ではないかと思います。とはいえお祭り行事も楽しいので、年中行事に合わせてマルシェのようなイベントを開催したり、トークイベントを主催したりもします。しかしそれは自分が楽しみたいからであって「人を呼び込まねば！」という肩肘張ったものではありません。何のためにやるかが重要なのです。

▽想像以上に多い関係者に悪戦苦闘――運営する

何とかプレオープンまでこぎつけてからも、グランドオープンに向けて日々準備を進める毎日でした。家具や事務用品、厨房などの備品を買い揃えたり、ガスや電気、インターネットなどのインフラの契約を進めたり、利用のフローを決めたりといった雑務はたくさんあります。とくに大変なのが契約書とゴミ出しです。運営するうえでここは要注意ポイントです。まず契約書についてですが「ARUNŌ」にはフローズンカフェバー・シェアキッチン・「マドグチ」・シェアラウンジ・シェアハウス・屋外出店スペースという六つのコンテンツがあり、さらにシェアキッチン・シェアラウンジ・屋外出店スペースのドロップイン利用と、全部で九種類の契約書があります。さらにフローズンカフェバーは事業用賃貸借、シェアハウスは住宅賃貸借と契約形態が異なります。それだけではありません。契約書にしてしまうとその都度、印紙税が発生してしまうため、申込書にする工夫も入れ込んでいます。また各コンテンツに応じて契約期間や金額、内容が少しずつ異なるので、全部をチェックしながら準備する必要があります。そして実際に入居可能な人は総勢五〇組以上となりました。想像以上に関係者が多く、運営する大変さを痛感します。

ゴミ出しについては、もともと四五年間、郵便局として事業ゴミを出していたため

「ARUNŌ」になってからも事業ゴミとしてしか出せないということになりました。そこで基本的にゴミは持ち帰り、希望者にはゴミ袋を販売してゴミ出しをすることにし、ゴミストッカーを用意することで対応しています。ただトイレやシェアラウンジのゴミはどうするのか、という問題は残っていますが、これは運営側の共益費に組み込んで考えるようにしています。

▽もしやめることになったとしたら——事業の継続性を考える

融資してもらっている以上、返済するまで事業をやめるという選択肢は基本的に選べません。ただどうしても赤字になってしまう、という事態が生じる可能性もあります（必ずそうならない努力を怠らないことを前提に）。たとえばコロナ禍における飲食業や宿泊業はその最たる例でしょう。そのような意味でも、あまり多額な金額を借りない、というのは重要なことだと思います。つまり最悪ダメだったとしても、何とか払えそうな金額までに留めておく、ということです。

たとえば実家に戻ってガンガン仕事して、給料を返済に充てるとか、別事業を頑張って売上を返済に充てるなど。そういった選択肢を残せるように普段から動けているかどうかが、事業を始める前に重要になってきます。そういう意味では、一念発起してこの事業だけ頑張るぞ！というのはかなりリスクが高いのでオススメできません。いくつかの事業のうちの一つ、くらいの気持ちでリスクを分散しながら取り組める仕組みをつくっておくことが大事なのではないでしょうか。

場をつくる15ステップ

ここでは場づくりを始めたい人のガイドとなるよう、アイデアを練るための事例収集から、実際にリアルな場をつくり、運営するまでの手順を追ってまとめました。「まちに開く場」の建築設計を中心に、その前提となる調査研究・企画・コンサルティングから竣工後の不動産・管理運営を手掛けた経験で得たノウハウを中心にまとめています――文―若林拓哉

STEP 01 事例収集を始めよう

とにかく先行事例を見るべし！

まずはどのような先行事例があるのか、できるかぎり多く知っておくことが重要です。何をしたらいいのかわからない場合は、アイデアになる知識が不足している証拠です。何もないところから良いアイデアは決して生まれません。とにもかくにも、たくさんの先行事例を収集することが大事です。たとえば本や雑誌を読んだり、インターネットでキーワードを検索してみたり、気になるトピックの講演会やトークイベントに参加したり、友人に相談してみたりと、いろいろとできることがあるはずです。建築やまちづくり、リノベーション系の関連書籍を一〇冊程度まとめて読んだり、ウェブサイトでまとまってる記事を読んだりするのも手っ取り早い方法です。本は買うとそれなりの金額になってしまうので、図書館を活用するのもオススメです。

そうすると、どのメディアでも注目されている事例が見えてきます。まずはその事例の何が注目されているのか分析するところから始めると取っ掛かりやすいでしょう。数多くの事例を見ていくと、それだけでアイデアが刺激されます。そのなかで自分が興味のある事例、あるいは空いているスペースに近い規模や立地の事例をより深

掘りしてみると、さらに理解が深まります。

一見似ているようでも、さまざまな条件や主体、運営方法などが少しずつ異なり、同じ事例は一つもないことがわかるはずです。なるべく多くの選択肢を蓄えて、想像を膨らませていくことが良い場をつくる近道になります。

また有名な事例は雑誌・書籍・ウェブメディア等の多方面から取材されています。いろいろな角度からその事例を見ていくことで、重要なポイントが浮かび上がってくるかもしれません。場所によっては、実際に直接その事例を見学することもできます。それぞれルールが異なるので、事前に確認するようにしましょう。くれぐれもいきなり訪問してご迷惑をお掛けしないようにご注意を！

さらに深掘りしてみよう

想定している業態の運営・不動産・インテリア・人気スポット・サービスといった具合に要素を分解し、それぞれをさらに深掘りしていくこともできます。たとえば自分が建築を設計するうえで参考事例を調べる場合は、建築雑誌やウェブメディアを活用して少なくとも一〇〇作品ほど類似事例を収集し、共通点やカテゴリー分けを意識しながら見るようにしています。一方で調べるばかりでは一向に先に進むことができないので、たとえばしっかりリサーチをする期間は最初の一ヵ月だけにして、後は進めながら学んでいく、といった具合にスケジュール管理することも重要です。もちろん直接インテリアショップや場に足を運んで体感するのもれっきとした事例調査です。実際に自分の目で見て手で触れた情報は、何よりもリアリティがあります。百聞は一見に如かずと言います。あまり頭でっかちにならず、何でも吸収していく姿勢が結果的に良い場につながります。

具体化してみる

大まかにやりたいことが見えてきたら、今度はそれを少しずつ具体化します。たとえば漠然と「飲食店をやりたい」と考えたとします。しかしそれだけでは無数にあるほかの店に埋もれてしまいます。そこから抜け出すために、どんなコンセプトが良いのか、どんなメニューにするか、誰をターゲットにするのか、どの時間帯・どれぐらいの頻度で開けるか、運営はどのようにするか、工事費はいくら掛けられるか等々、実際にその場所で実現し、続けていくための方法を固めていかなければなりません。

それを頭のなかであれこれ想像するだけではなく、ノートやアプリに書き出しながら整理していくとスムーズです。

プレゼンしてみる

自分だけであれこれ悩んでいるだけではなかなか前に進めないので、ある程度まとまってきたら、ラフなものでも気にせずプレゼン資料としてまとめ、身のまわりの友人・知人に話してみましょう。第三者に話すことで、どう伝えるべきか、何が足りないかなどいろいろとわかってきます。

そのとき、良いものも悪いものも含めてさまざまなリアクションがあると思いますが、あまり真に受け過ぎないことが大事です。深く考えず無責任にダメ出しする人もいるものです。あなたがうまくいっても失敗しても彼らは責任を取ってくれません。

ですからアドバイスはほどほどに聞くようにしましょう。「この人がこう言ってたからせっかく採用したのにうまくいかなかった！」なんて後々他人のせいにすることのないように、聞き入れるものは自分も納得し自信をもって主張できるものだけに絞ることが重要です。

STEP02 物件を探そう

いわゆる良い物件は高いもの

あなたはどんな物件を探していますか？やりたいことが十分にできる広さで、家や駅から近くて、おまけに家賃が安い物件？あなたが求めている物件はきっとほかの多くの人も求めているはずです。そんな物件は一般的な不動産ポータルサイトに募集を出せば、すぐに成約が決まってしまいます。

そもそも、そんな都合の良い物件が不動産ポータルサイトに上がってくるかというと、そんなこともないのです。なぜなら不動産ポータルサイトに掲載される時点で、市場原理からある程度形式的に価格が決まってしまうからです。一般的に不動産の家賃は、周辺相場・駅からの距離・広さ・築年数・設備（風呂トイレ別・オートロック付など）といった定量的な指標による評価から決定されます。

つまり好条件であればあるほど家賃は高くなるわけです。そして物件を探し始めるとどんどんわがままになってくるのが人間の性です。「こっちのほうが広いけど高いな、こっちのほうがアクセスは良いけど狭いな」とあれこれやっていくうちに「ここだ！」という物件に絞れなくなってしまいます。

しかも悩めるならまだ運が良いほうで、

希望する価格帯の物件は遠い場所にしかないとか、家賃が高過ぎる物件しか出てこないといったこともしばしばあります。

まちを歩こう

そんなときは、実際にまちを歩き回ってみることをおすすめします。

日本の空き家問題は深刻ですが、裏を返すと、物件の宝の山が眠っているという状態でもあります。とにかく足で稼いで、気になる物件を見つけてみましょう。良い物件は向こうからはやって来ないのです。その物件に管理不動産の看板がある場合はそこに直接問い合わせるとよいでしょう。そういった物件は不動産ポータルサイトに載っておらず、地元の不動産屋さんが直接取り扱っているだけということもよくあるからです。

人に聞いてみる

また簡単に見つからない場合はご近所さんに聞いてみたり、大家さんに直接相談に伺うのも手です。案外、使い道に悩んで困っ

まちを歩き回ってみるといろいろな発見がある。普段通らないような細道で思わぬ掘り出し物件に出会うことも

ていたり、ひとまず空けているだけだったりすることもあるからです。うまく交渉できれば使わせてもらえる可能性があります。もし地域でまちづくりの活動をしている知り合いがいれば、その方に相談してみるのも良い手です。彼らにはさまざまな情報が舞い込んでいるはずです。すぐに見つからなくとも、良い物件が出たときに、こんなところを探している人がいたな、と思い出してもらえることが重要です。

どうしても伝手がない物件を活用したい場合は、登記情報を照会して所有者を特定し、手紙などで連絡してみるという手段もあります。突然のことで大家さんも驚くため、うまくいかないケースも多いですが、あなたの意志に共感してくれる可能性はゼロではありません。めげずにやる気を示すことが大事です。

また物件にどれぐらいの家賃を支払うことができるか、先に詰めておくとよいでしょう。もちろん安いに越したことはありませんが、すべてがうまくいくケースはなかなかありません。事業計画を組み立て、売上のうち家賃にどれぐらい捻出できるか先に見通しを立てておくと、建設的に探すことができます。

STEP 03 予算を準備しよう

目的をはっきりさせる

どんな事業をやるにもお金が必要ですが、具体的にどこで何にいくら必要なのかは予め把握しておかなければなりません。目的によって、いつまでに準備すべきか、どのように支払うかなどの話が変わってくるからです。

融資を得るときに必要なこと

新しく場所をつくるに当たっての改修費用が足りない場合は、自己資金を元手に銀行や日本政策金融公庫等から融資を受けるのが一般的です。その際は事業計画を組み立て、融資がいくら必要なのかをプレゼンする必要があります。夢だけでなく、それを実現するための地に足の付いた提案が求められます。

また融資の際には自己資金を基準に融資額が決まるケースが大半です。返済能力の有無を判断しなければならないためです。ただその自己資金がまったくないという事態も往々にしてあります。そういった場合はクラウドファンディングを実施したり、身近で応援してくれる人たちと協同組合を設立して出資し合ったりするなどでまかなうことができます。

そのためにはどんな事業を行うのか、そしてその事業がいかに魅力的なのかを伝えられる必要があります。

助成金について

各地方自治体では新規事業に関する助成金や創業支援を用意しています。

運営資金まで補助金頼みでは事業としては破綻しているのでやめたほうがよいですが、初期費用を捻出するために活用するのは悪い話ではありません。人件費や固定費の見通しが立たない場合も、事業計画をもとに銀行や日本政策公庫から融資をもらったり、創業支援制度の助成金を活用したりできます。

パソコン機器や設備導入費に対する支援もあります。このように、名目を明らかにしたうえで、適切な調達先を決めていくことが重要です。

それ以外にも、知り合いに投資家がいる場合は、銀行よりも金利や条件等を優遇したかたちで話を進めてくれる可能性もあります。事前に交友関係を広げておくことも大事な要素です。

リスクがないのも考えもの

一方で、リスクを負わずにすべての費用を外部からまかなおうとするのはあまりオススメできません。その事業に対する責任感が薄まってしまうからです。気軽に始められるものは気軽に投げ出すことができてしまいます。身銭を切ることで初めて生まれる責任が、その事業を本気で進めていくうえでの原動力にもなるのです。

裏を返せば、本気で応援してくれる人は資金的にもサポートしてくれるでしょう。クラウドファンディングで寄付してくれたり、場所の一部を借りてくれたり、事業の商品を買ってくれたり、何かしら関わりをもって支援してくれるはずです。

そういった方々を積極的に大事にしてください。反対に口だけ出してお金を払わない人も出てきます。そんな無責任な人を相手にする必要はないのです。お金の切れ目が縁の切れ目という言葉もありますが、お金を出してでも縁をつなごうとしてくれる人との関係性を大切にしていきましょう。

STEP 04 事業計画をつくろう

事業計画は立てるのが基本

事業計画はきちんと立てましょう。というのも、事業の収支がどうなるのか、建築工事にいくら充てられるのか、人件費をどれぐらい見込んでおくべきか等々、お金の話を先に整理しておかないと、立ち行かなくなってしまうことが大いに予想されるからです。

また銀行や日本政策金融公庫等から融資を受ける際には必ず提出する必要があります。つまりある程度の規模より大きい事業であれば、必然的につくることになります。ただ企業のスポンサーやクラウドファンディングなど、事業の先見性に投資してくれる場合は、事業計画の提出自体は求められないかもしれません。

それでも場の運営をしている限り、事業の収支はつきまといます。少なくとも収益に対して家賃や人件費、水道光熱費といった支出がどのようなバランスになっているのかは最低限押さえておかなければなりません。逆に言えば、それさえしっかり押さえていれば、それほど外れた事態にはならないとも言えます。

事業計画をあえて立てないこともある

なかには事業計画を立てないほうがいいという人もいて、この意見にも一理あります。なぜなら事業計画を立てても当初の想定と大きく変わってしまうことが往々にしてあるからです。そのとき最初に立てた事業計画に拘泥してしまうと、むしろ状況を悪化させてしまうことにもなりかねません。

ただこれをうまくハンドリングできる乗りこなし上手な人でもない限り、事業計画を立てたほうが無難です。とくにこれまで事業を立ち上げたことない人であれば尚更です。成功事例ばかり見てできる気になってしまうと後で痛い目を見ることは間違いありません。

事業計画を立てないことは、真っ暗闇の洞窟の中で灯りも付けずに出口を目指すようなものです。そのスリリングさを楽しめそうになければ、ひとまず立ててみましょう。

楽観・通常・悲観の三つのパターンの事業計画を立ててみる

実際に事業計画を立ててみると、収益の想定が甘くなってしまうことがあります。いかに事実に即して客観的にリアリティのある数字を計上するかが重要になります。

手っ取り早いのは、楽観パターンと通常パターン、悲観パターンの三パターンを想定して、掛け率を設けて比較するかたちです。このとき事業は通常か悲観パターンを想定して目処を立てるとよいです。すべてがうまく回転してすごく稼げた場合を楽観パターンに設定すれば、そこからたとえば一五～二〇％ずつ収益を下げていくだけでも、冷静に判断できるようになります。これはあくまで一例ですが、とにかく収益は厳しく想定することが大事です。

また支出も最低限のものだけを計上しがちですが、不測の事態で突然の支出があることもよくあります。急にまったく売り上げが上がらなくなってしまった、なんてこともあるかもしれません。そのときのバックアップとして、できれば六ヵ月～一年程度の運転資金は確保できるように計画できると安心です。

またオープンしてから最初の数ヵ月は利用者数が不安定なため、利益がなかなか上がりません。オープン初月～数ヵ月間の売り上げ見込みは低めの設定にしておくのが安全です。

STEP 05 コンセプトを考えよう

コンセプトづくりはキーワードから

コンセプトの重要性はわかっていたとしても、コンセプトをつくるのはなかなか難しいものです。ここでは私が手掛けた「ARUNŌ -Yokohama Shinohara-」（以下、「ARUNŌ」）を例にコンセプトを考えるまでの流れを紹介します。

「ARUNŌ」のコンセプトは「未知への窓口」です。「ARUNŌ」は一九七五年に建てられた郵便局の建物を改修しているのですが、郵便局はその立地特性として、物流の観点からも地域住民のアクセスの点からも、地域の要となる場所に必ず建てられています。そこでその背景を受け継ぎながらまた別様なかたちで地域の人びとが集まり、交流できる場をつくることを目指しました。そのとき、まず取っ掛かりにしたのが郵便局のエッセンスです。なかでも、郵便機能が窓口で応対されることに注目しました。訪れた人びとは窓口で郵便局員と会話し、持ち込んだ郵便物を引き渡すことで、

「ARUNŌ」。右手の棚は一棚貸しの窓スペース、中央にポスト型の集金箱。郵便局らしさをエッセンスにしたデザインを随所に散りばめている

目的地となる別の人のところへと運ばれてゆきます。この郵便物を「送る」行為は、「贈る」行為と合わさることもあります。郵便局は広く「おくる」ための場所であり、その媒介となる窓口がまずキーワードとして立ち上がりました。

オリジナリティはどうやって出す？

次にそれをどのようにオリジナルなものへと昇華させるかがハードルとなります。「ARUNŌ」では、弊社が自社事業として運営していることがベースにあるため、さらに弊社らしさ、つまり弊社のコーポレートアイデンティティである「well-doing＝より良く行動する」をエッセンスに加えることを考えました。

具体的には、挑戦のしやすい環境をつくることで「well-doing」な場としました。

これまでやったことがなかったけど始めてみたい、一度辞めてしまったけどまた再開してみたい、自分の好きなことを表現してみたい…そんな想いを実現できる場です。それを窓口と掛け合わせたとき、ただ自分の見知っている目的地へおくられるのではなく、これまで見たことがない未知の世界へおくられる。そんな想いを込めて「未知への窓口」というコンセプトに決めました。

メタな視点がヒントになる

このように、コンセプトを設定するときにはメタな視点がヒントになることが往々にしてあります。というよりもベタな視点でそのまま表現してしまうとどうしても野暮ったくなりがちです。一方であまりかけ離れてしまっては誰にも伝わらない危険性もあります。わかりやすさを残しつつ、良い違和感を覚えてもらえると、それに触れた人の記憶に残るのではないでしょうか。

トーン&マナーも決めておこう

コンセプトと同時に決めておいたほうがよいのがトーン&マナー（略してトンマナ）です。これはブランディング用語でテーマカラーやフォント、写真の雰囲気など、デザインのベースとなる要素と使い方を指します。これを決めておき、建物やウェブサイト、販促物のデザインに統一感を生み出すことで、よりイメージを伝えやすくなります。とはいえ、これを一から自分で考えるのはとても大変です。「ARUNŌ」でも、グラフィックデザイナーと一緒に、色味やフォント、ウェブサイトのデザイン、SNSの運用方法などを相談しながらつくり上げていきました。

STEP 06 ターゲットを定めよう

「みんな」なんて存在しない

ターゲットはできるかぎり定めましょう。よく〝みんなのための場所をつくりたい〟という話を聞きますが、「みんな」なんて存在しません。場には本当にさまざまな方が訪れます。そもそも人間は一人ひとり異なるのですから、意見や価値観の合う、合わないももちろんあります。そういった事実を踏まえず「みんな」と表現するのは危険です。

そういったリアリティを全部ひっくるめた場所がつくれればそれに越したことはありませんが、これから場をつくっていこうとしている人がそれを担うのは重責過ぎるように思います。まずはできるところから始めていきましょう。

ペルソナを設定する

ターゲットを定めるときは、会社員や主婦、シニア、学生といった職業や世代・性別等で大まかに分類していきます。より具体的な人物像としてペルソナを設定することもよくあります。ペルソナはターゲットよりさらに具体的に、年齢・居住地・家族構成・趣味・ライフスタイル・SNSの利用頻度・ファッション等をイメージした人物像です。ペルソナを想定することで、自分の事業がどんな価値観をもち、どんな暮らし方をする人びとに向けたいのかが明確になります。また私が以前設計を担当した職住一体型の賃貸共同住宅「欅の音 terrace」（設計：つばめ舎建築設計、企画・不動産：スタジオ伝伝）ではスタジオ伝伝の入居者募集のアイデアとして、13戸分のペルソナをイメージし、その人たちが暮らしながら小商いをするならどんなレイアウトがよいか、妄想しながら図面を作成しました。募集用のウェブサイトで公開することで、入居希望者に具体的な住まい方を想像してもらいやすいような工夫を採っています。

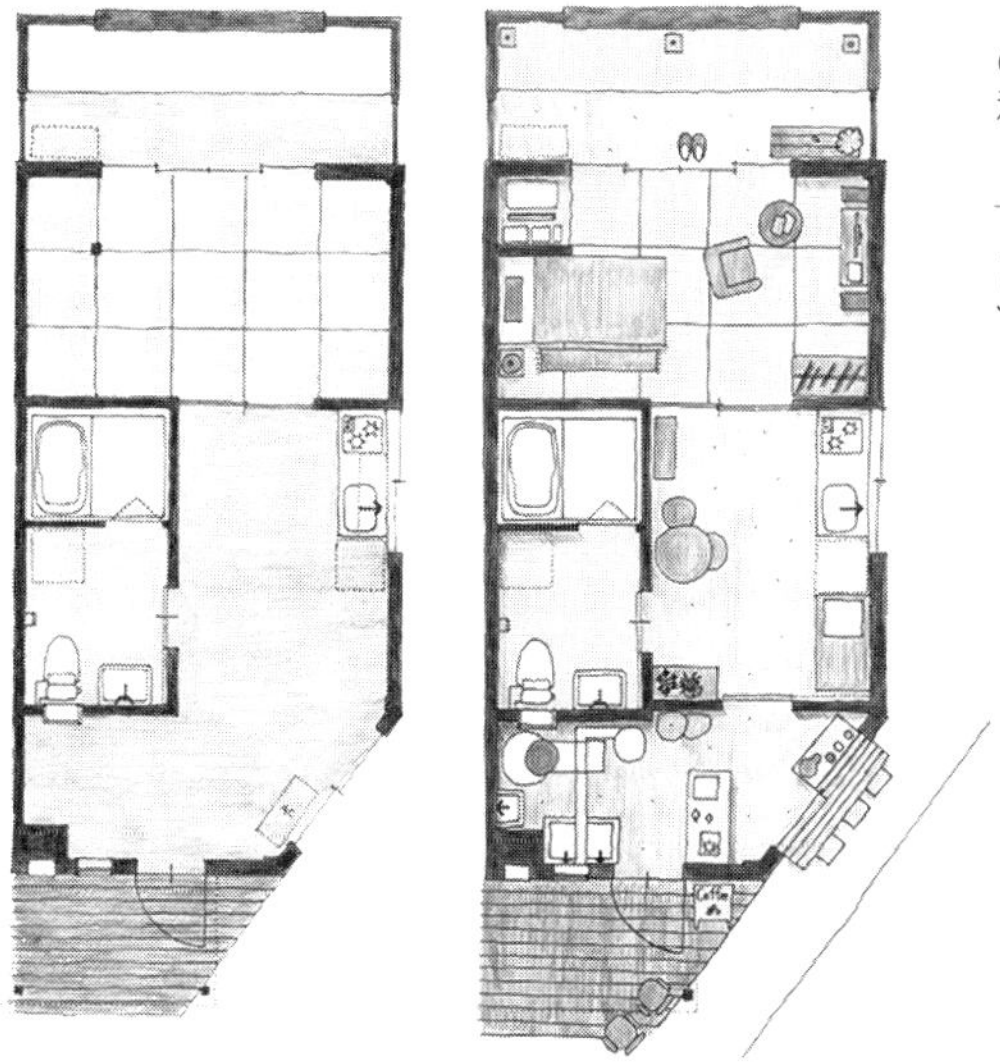

「欅の音 terrace」レイアウトプラン。左は設計初期。右は入居者のペルソナを設定し利用イメージを想定したプラン

コンセプトやキャッチコピーをつくろう

またこのとき、ターゲット（ペルソナ）に刺さるコンセプトやキャッチコピーをつくると、より共感を得やすくなります。「欅の音terrace」は、計画の初期段階から「ナリワイ×暮らし」をメインコンセプトにしていました。そうすることで、事業に一つの筋を通すことができるようになります。時間を掛けていくと、どうしても最初のイメージからぶれていってしまうことがあります。そのときコンセプトやキャッチコピーはいつでも立ち返らせてくれるという重要な役割をもっています。

STEP 07 スケジュールを組もう

全体のイメージをつかむことから

まずは全体像を把握することが重要です。とはいえ初めてのこと、何が起きるのかわからなくて不安になることもしばしばです。そんなときは、先人の知恵を借りるのが一番です。知り合いに同じような事業をされている方がいれば、その方にヒアリングをしてスケジュール感を掴むことができるはずです。「そんな人は身近にいない！」という場合はネットで探してみるのも手です。プロセスをブログや各種メディアでまとめている方も多く、参考になります。

飲食店の開業スケジュールを考えてみる

事業内容や進め方によってスケジュールは大きく変わるのですが、ここでは参考までに、空き物件を借りて自分で改修し、「飲食店」を開業したい場合を想定して流れを追ってみます。

既に構想がある程度まとまっていれば、

それをもとに事業計画を作成し、工事費として捻出できる予算感を把握します。改修工事を建築士に依頼する場合は、設計事務所の選定に始まり、計画内容の検討、図面作成、予算調整などで数ヵ月〜一年は掛かります。その後の改修工事は建築士が工務店を選定し、その工務店に発注するかたちになります。工事は少なくとも二〜三ヵ月は見ておいたほうが無難ですが、工事内容や工務店のスケジュールによっても変動するので調整が必要です。

物件をいつから借りるのかによって、予算取りにも大きく影響します。一般的に賃貸借契約を結んでから着工するため、改修工事期間は家賃のみ支払うことになります。そのため売上が上がり始めるまでに二〜三ヵ月のタイムラグが発生することを念頭に置いておかなければなりません。その点、空き物件を購入できていると自由が利くので、落ち着いて進めやすくなります。

保健所や消防署との協議も必要になってきます。建築士と相談しながら進めるのがよいですが、最終的な検査から営業開始許可が下りるまでに少なくとも半月は見込んでおきましょう。

それらと並行して、ウェブサイトやロゴマーク、チラシなどのデザインの手配も進めていきます。一から外注する場合は、イメージをすり合わせる期間も含めて三ヵ月は確保したいところです。もし自分で飲食店を運営するのではなく、誰かに転貸する場合は、不動産募集期間を見込んで、事前に用意しておく必要も出てきます。募集してすぐにはなかなか決まらないため、事前に伝手を頼っておきましょう。それが難しい場合は、オープンの一〜二ヵ月前からウェブサイトやSNSを活用して宣伝できると理想的です。

また飲食店であれば専任の「食品衛生責任者」を設置する必要もあります。月に数回、各地方自治体で講習会を実施しているので、余裕があるタイミングで早めに資格を取得しておくと後々楽になると思います。気づいたときには忙しくて受けてる暇がない！　なんてことになりかねません。最近はe-ラーニング形式での受講も始まったので、隙間時間で受けられるようになり、かなりハードルが下がりました。

STEP 08 不動産契約を結ぼう

不動産には目に見えないポイントがたくさんある

一般的には、不動産を売買するにも賃貸するにも不動産契約が必要になります。

売買の場合、土地に抵当権が設定されていないか、敷地境界が確定されているか、地中に隣接する土地建物のインフラや建築物、植物等が越境していないか、といった目に見えないあるいはわかりづらい部分にはとくに注意が必要です。

抵当権が設定されている場合、自分とは無関係の第三者が金融機関への担保としてその土地を位置づけているため、権利が行使されると差し押さえられてしまう可能性があります。

敷地境界が確定していない場合、将来的に隣接する土地の所有者と敷地境界の取扱いについて揉めるケースがしばしばあります。

インフラの越境がある場合、隣接土地の工事に合わせてインフラが遮断されてしまい、突然使えなくなってしまうなんてことも…。数十年前の古い土地だとそのようなケースも見受けられるので、不動産屋さんによくよく確認しましょう。

現状復帰義務について確認しよう

賃貸の場合、事業のために多かれ少なかれ建物を改修することが予想されます。このとき、退去時の原状復帰義務があるかどうか、契約年数や契約方法（普通借家・定期借家）等を十分に確認する必要があります。現状復帰義務がある場合、退去時に元通りに戻さなければなりません。またその費用は一般的に敷金から償却されることになりますが、復帰費用が敷金を超える場合は、追加で費用を捻出する必要があります。

最近のＤＩＹ可能物件では、原状復帰義務がありの場合でも、貸主と協議のうえ、許可されたものは復帰しなくてもよいケースや、そもそも現状復帰義務を設けず、そのままの状態を次の入居者に受け継ぐ物件も増えてきています。そういった物件であれば、前の入居者の残置物をそのまま使うことができるメリットもあります。そういった物件はかなり倍率が高いですが、探して狙ってみるのもよいかもしれません。

契約年数に合わせて投資額も変わる

契約年数に応じて、改修する内容も変わってきます。通常の普通借賃貸であれば二年更新が一般的ですが、事業用の場合は三年、五年、一〇年と長期になってくるものもしばしばです。借主側としては、長く借りられるほうが改修費用に投資した金額を回収しやすくなるので、事業計画と照らし合わせて確認しましょう。

併せて、契約には大きく普通借家と定期

借家の二つがあります。普通借家は同一物件を借り続けられることを前提にしているのに対し、定期借家は一定期間を設け、期間満了後には貸主・借主双方の同意がないかぎり再契約できないものとなっています。事業用の賃貸物件の場合、定期借家かつ前記の原状復帰義務と併せて設定されることが大半です。

定期借家のなかには二年未満の数ヵ月～一年といった短期のものもあり、たとえば解体までの間、臨時で貸し出したいというケースもあります。そうした場所からスモールスタートするのも手かもしれません。

やりたいことができない物件もある

物件によっては、特約で飲食店営業や外壁まわりの改修、設備機器の新規導入などを認めていないものもあります。また物件ごとに電気容量の上限や動力の引込制限があったり、給排水・空調設備の制限があったりすることも。そもそも「自分がやりたいことがルールでできなかった！」なんてことにならないためにも、不動産屋さんとは入念にすり合わせておきましょう。

契約書面を交わそう

場合によっては、賃貸に出ていない物件を無償で貸してもらったり、不動産屋さんを通さずに使わせてもらったりするケースもあるかもしれません。このとき、近しい関係だからといってなあなあの状態で放置してしまうと、いざというときに誰が費用をもつのかで揉めたり、言った言わないの口喧嘩に発展したりしてしまいかねません。少しのあいだ間借りする程度ならよいですが、改修工事が必要な大掛かりなことをする場合は、必ず契約書面を交わすべきでしょう。

STEP 09 場のハードをつくろう

場づくりのための新築・改修・内装工事の違い

場はソフトだけでなく、それを支えるハードが必ず存在します。しかし場のハードをつくると言っても、新築の場合と改修の場合、あるいは内装だけ整える場合で大きく異なります。では具体的にどのような違いがあるのでしょうか？

新築する

一から新築する場合は、まず土地を取得するところから始まります。希望の地域や条件などを踏まえて不動産屋さんやウェブサイトを通じて探すことになります。このとき、総予算を予め把握しておく必要があります。というのも土地代と建物代のどちらも用意しなければならないためです。良い土地を求めるあまり、建築費に捻出できる部分が全然残っていない、なんてことにならないよう、バランスが大事です。また、たとえば創造系不動産（株）のように、建築家と協働することに特化した土地売買仲介を得意とする不動産事業を展開している会社もあります。一般的には売れにくいとされる変形敷地や悪条件の土地も、建築家からすれば面白い題材となるのです。そういった敷地は相場より安いため、予算を抑えながら事業に取り組むことができます。

類似するものに「古家付き土地」があります。これは減価償却が終わった建物が土地に残っており、所有者が撤去していないため、建物付きで売却しますよ、というものです。なかにはそのまま使えそうなものもありますが、撤去する前提のものであることもしばしばです。このとき問題になるのがアスベストです。古い建築物では断熱材や建材など建物のどこか一部に使われていることも多いのです。またアスベスト調査の義務化に伴い、購入した古家付き土地の建物を壊そうと思って調査したらアスベストが混入しており、余計に費用が掛かってしまう、ということもあり得ます。そういったリスクを勘案しながら購入を進める必要があります。

土地を買う算段が付いたら、次は建築物の番です。建築物は原則、建築基準法を遵守する必要があるため、非常に専門的な知識を問われます。また改修や内装デザインよりも相対的に高額な金額が必要になってきます。しかしそのぶんコンセプトをより反映した理想的な場をつくりやすくなるのが最大のメリットです。建築基準法の取扱いや確認申請の必要性については都市計画区域の内か外かで大きく変わってきます。ここでは一般的な都市計画区域内の話を中心にします。ちなみに都市計画区域外では一定規模未満であれば確認申請が不要になります。

建築基準法では、建築物の用途と規模に応じて、法第六条一項の一〜四号という分類があり、その分類に応じて確認申請に必要な手間や構造計算の必要性、関係法規が変わってきます（二〇二二年十一月現在）。簡単に言うと、戸建住宅とアパート、タワーマンションでは必要になってくる情報や法規が全然違う、というぐらいの認識で構いません。そしてこのあたりの話は建築の専門家である建築家に相談するのが一番です。知人にいる場合はまずは相談してみましょう。いない場合は、友人に紹介してもらったり、ネット検索で身近な事務所を調べてみたりするのもよいでしょう。

地元のハウスメーカーや工務店だとできることが限られていたり、得意なものしか発注できなかったりすることもあります。求めているものが一致している場合は問題ないのですが、コミュニティスペースという特殊な要件は先方と共有することが難しく、これまで手掛けたことない場合は思った通りにでき上がるとも限りません。臨機応変に判断したいところです。弊社に気軽にご相談いただいてももちろん大丈夫です。

建物を改修する

既存建物がある場合は、建築基準法と照合して再建築可能か、遵法建築物かどうかを確認しておくことも重要です。たとえば道路が接道条件を満たしていない（二m以上道路に接していない）場合は再建築不可となり、既存建物を壊すともう一度建築物を建て直すことはできません。また違法な増改築を繰り返している建築物も数多くあり、確認申請を必要とする用途変更や改修をする場合は適法化させなければいけません。それ以外にも、築年数が古い建物は構造的に脆くなっていたり、シロアリに食われていたり、雨漏りしていたりする可能性もあります。このあたりは極めて専門性が高いので、不動産屋さんだけでは判断し切れない可能性もあります。そのときは建築家を紹介してもらったり、知り合い伝手で相談するとよいです。購入金額や家賃が安い場合でも、実際に工事費を算出してみると、こういった仕上げに隠れて目に見えない部分を改修するのに予想外に費用が掛かってしまうことも往々にしてあります。できるかぎり自分だけで判断せず、専門家の目を通すようにするほうが後々楽になります。

改修工事を建築家に依頼している場合は、工事は建築家が発注する施工会社に依頼することが大半です。自主的に工事を進めたい場合は、地元の施工会社を見つけてくる必要があります。ネットで検索してみるとたくさん出てくるので、改修したいものに近しい内容や規模感の工事を実施しているところに絞っていきましょう。近年では改修工事を外注せずに自身でＤＩＹするケースも増えています。バールやハンマーで床や壁、天井を剥がしたり、内装材をペンキで塗装したりということは自分でもトライしやすいところです。ＤＩＹであれば施工会社に依頼するよりも予算も抑えられますが、一方でどうしてもその分クオリティが下がったり、準備や片付けにも手間と時間が取られます。また電気・水道設備まわりは資格が必要なため素人では難しいものです。ＤＩＹはメリット・デメリットを考えつつ、ポイントを押さえて取り組む

「みんなの図書館 ぷくぷく」も DIY 工事で仕上げた部分がたくさんある

ことが重要です。

内装を整える

ハードをつくるなかでも重要な役割を担うのが内装です。なぜなら利用者がもっとも身近に触れるのがこの内装だからです。ターゲットの好みを踏まえ、どんな壁や床、天井の仕上げにし、家具（テーブルや椅子、棚など）やインテリア雑貨、照明を取り入れ、またそれらをどのように配置・構成してゆくかが問われます。この点についてはコンセプトやデザインの方向性によって個別解になりますが、避けたいのは適当にそれらを選んでしまうことです。

建築家に依頼していない場合、どうしてもオープンのためにバタバタしてしまい、どんな内装にするかアイデアを練るための時間を割くことはなかなか難しいのですが、あり合わせのもので準備してしまうと、その場しのぎ感が出てしまうとともに、後々邪魔になってしまうこともしばしばです。また家具などはそれなりに個数が必要で予算も掛かるため、安物買いの銭失いにならないように気をつけましょう。仕上げも壁はクロスや左官、塗装など、床はフローリングやフロアタイル、モルタルなどさまざまなバリエーションがあります。照明もスポットライト、ペンダントライト、シーリングライト、蛍光灯などいろいろですし、ダクトレールを設置するかによって動かしやすさも変わってきます。そして何を選ぶかによって場の雰囲気に大きな影響を及ぼします。

先述したように、デザインのトーン&マナーが決まっていれば、それをもとに決めることができるのですが、デザイナーを入れずに自分たちのみで改修や場づくりに取り組んでいると、なかなかそうもいきません。しかしコンセプトを明確にしたうえで、なるべくイメージに合致するものを選んでいくようにするだけで印象は良くなっていきます。赤と白の家具はどちらが合うだろうか、テーブル席は低くゆったりしたほうがよいのかハイカウンターとスツールがよいのか、照明はペンダントライトを点々とさせて落ち着いた雰囲気にするのがよいのかダウンライトで全体的に明るくするのがよいのかなどなど…。どっちも良くて悩んじゃうんだよね、と優柔不断になるのではなく、コンセプトに合っているのはこっち！と決断してゆくことが重要です。

STEP 10 名称を考えよう

カタカナ表記にする

名称を考えるのは非常に悩ましいところです。まずは代表的なアイデアをいろいろと検討してみましょう。

　オーソドックスなものとしては、日本語としてイメージが根づいているものをカタカナ表記にすることで、意味をアップデートしたニュアンスを表現するというものがあります。たとえば「エンガワ」や「アキナイ」、「ドマ」など空間や振る舞いを表現するものは使い勝手が良い言葉です。また「バ」は、「ヒロバ」や「アソビバ」のような表現だけでなく、「ツクルバ」のようにイメージする行為と組み合わせるバリエーションもあります。またカタカナではなくアルファベットで表現することもしばしばあります。

　あるいは一つの言葉で複数の意味をもたせる手法もあります。ダジャレのような言葉遊びの感覚です。たとえば「クラス」は学校の「クラス」と「暮らす」を掛けることができます。暮らしの場に近い教室にしたいというようなコンセプトに使えそうです。ほかにも「スマイル」は「笑顔」だけでなく「住まい」を含んでいます。笑顔が育まれるような住まいを提供するといったコンセプトにつながりそうです。またこういったワードは単独で使うのではなく前後に何か言葉を付け加えるのも有効です。

一方で、こういった表現は場所の固有性ではなく機能に依存しているため、オリジナリティを出しにくいという欠点があります。逆に全国どこでも通用するコンセプトが良い場合はそのほうが都合が良いとも言えるでしょう。それが気になる場合には、土地固有の名称や名産などを調べて引用する手もあります。

ストーリー性を重視する

あるいはよりストーリー性を重視するパターンもあります。たとえば「ARUNŌ - Yokohama Shinohara-」では、郵便局らしさと弊社（株式会社ウミネコアーキ）を象徴する要素として鳥を掛け合わせ、郵便局らしい鳥として伝書鳩をモチーフにすることにしました。そして伝書鳩を題材にした物語「伝書鳩アルノー」に辿り着きました。このように連想ゲームのように展開していくのも一つの手です。また〝アルノー〟のように、アから始まる音は五十音順で最初ということもあって、言いやすくてオープンな開放性がある語感とも言われています。このように施設が目指す語感を大事にするという視点もあり得るかもしれません。ほかにも姓名判断と同じように、縁起の良い画数を大事にすることもあります。

自分が気にいるかが一番大事

　このように、名称を決めると言ってもさまざまなアプローチがあります。ここに挙げている例はその一部でしかありません。もっと独創的な決め方やアイデアがたくさんあることでしょう。でも何より大事なのは、自分がそれを気に入るかどうかです。変に意味にこだわり過ぎて縛られてしまうよりも、意味はないけど好きな言葉程度のほうが良いこともあります。

　またその名称を繰り返し言い続けていれば、自ずと単純接触効果でしっくりくるようになってきます。逆に言うのが恥ずかしかったり呼びにくい名称だったりすると、一向にしっくりこないはずです。正式名称ではなく愛称であっても構いませんが、自分にとって呼びやすいことは大事な要素です。

STEP 11 宣伝しよう

特性ごとに適切に活用しよう

　施設のことを利用者に周知・理解してもらううえで、宣伝は非常に重要な意味をもちます。またその方法にもいろいろな手段があります。

　たとえばチラシのポスティング、ポスターの設置、新聞広告といったアナログなものから、Instagram や LINE、ウェブサイトなどの運用、ＰＲサイトでの広報などオンライン上のものまでさまざまです。それぞれの宣伝手段によって特性があり、適切な場面で活用していくことが大事になります。

　たとえば地元のファミリー世帯やシニア層へ店舗情報をダイレクトに届けたい場合はチラシのポスティングが有効です。どうしても普段忙しくてSNSやネットを見る時間がなかったり、そもそもあまりネットに慣れ親しんでない世代もいるためです。また地域新聞への掲載や広告も購読している世帯が多いため有効です。

一方で、若者や遠方の人びとに周知するにはウェブサイトやSNS発信が有効になります。たとえば「欅の音terrace」では、ウェブサイト上でプロジェクトの歴史や施設概要、不動産情報などあまり動きがない内容を掲載し、Instagram上で実際の使われ方やイベントの様子、入居者情報などの流動的な内容を発信するようにしています。

事前にパンフレットやウェブサイトで宣伝する

情報をいつ発信するかも重要なポイントです。賃貸で物件を貸すような場合は、事前にパンフレットやウェブサイトを作成して宣伝するのが有効です。理想では竣工の二〜三ヵ月前から広告活動を進められるとよいでしょう。どうしても情報を得てから検討して入居・利用を決めるまでに時間が掛かるためです。遅くとも一ヵ月前には広報したいところ。

そのときも、やみくもにパンフレットをポスティングするのではなく、共感してくれる人に直接渡しに行って話したり、興味関心のありそうな層が使うサイトに掲載したり（たとえばDIY好きがよく見る「R不動産」のような不動産サイト等）と、実際にどんな人に来てほしいか、というイメージに合致するチャンネルを選択して広報することが重要です。

プロセスに参加してもらうのも手

プロセスの段階から関わってもらう手段もあります。地域の方々へ場を知ってもらうために、たとえば改修工事中に内装のDIYワークショップを複数回開催しながら施工するのもよいでしょう。自分でその場所の一部を手掛けることで、場自体をジブンゴト化できるようになり、「今どうなってるかな?」と気に掛けてくれるようになります。プロセスに関わることで、その場に行く理由が生まれるのです。

また工事をしていない土日を利用して、入居してもらいたいテナントに近いお店をポップアップショップとして出店してもらうのも、イメージがつきやすいです。「欅の音terrace」でも、竣工する一ヵ月ほど前に、「リノベーション工事中内覧会」と称して一三戸のうちの三戸を先に仕上げ、マルシェのような雰囲気で雑貨屋さんやコーヒー屋さんを呼んだり、インテリアを入れて住んでいるイメージがつきやすいようなかたちにして集客することで、周辺住民には将来的につくられる場所をアピールするとともに、入居予定の方には具

「欅の音 terrace リノベーション工事中内覧会」ポスター

体的な感覚を掴んでもらえるような工夫をしました。

一方でＤＩＹワークショップやイベントを無理に開催しようと思うと、その分工期が遅れてしまったり、工事内容を施工会社と分担している場合は迷惑を掛けてしまったり等、注意しないといけないことも増えてきます。ＤＩＹもただやればいいということではなく計画的に行うことが大事です。

STEP 12 取材対応について考えよう

メディアにもいろいろある

取材といっても千差万別、ピンキリです。雑誌や新聞、ＴＶ、トークイベント等、場を中心にしてさまざまな取材や付随する企画がありますが、しっかり精査しましょう。

まずは取材相手が誰なのかによって判断する必要があります。先方が出版社や新聞社、ＴＶ局など素性が知れており、場としても広告宣伝のために良いと判断できる場合は受けるべきです。一方で、取材の趣旨と場のコンセプトが合致しないケースももちろんあります。そのときは協議のうえ、辞退する選択もあり得ます。浮かれた気持ちになってしまうこともありますが、いったん冷静に、この場にとって何が一番良いのかを考えて対応することが大事です。

また取材相手が個人や民間団体のケースも多いです。ここも前述と同様に、まず場ありきで、内容に応じて判断するのがよいと思います。とはいうものの、地域に入り込んで場をつくっていくのであれば、ローカルなウェブメディアや新聞社などの取材はなるべく受けて関係性を築いていくのが得策だと思います。一つ受けてウケが良ければ次の媒体、それがまた次の媒体…と波及していくことも大いにあり得ます。

見学希望者の対応を考える

見学の希望が、個人から企業、行政までさまざまなところから入ることもあります。取材もそうですが、見学に対応するにも時間と労力が割かれます。できれば全員案内したいところですが、自分だけで難しい場合は案内スタッフを置くこともあり得ます。そうなると人件費がさらに嵩んでしまうことも。そういうときは、見学料を取ることも考えてみてください。たとえば「一時間○万円、何人以上は追加で○万円」のように金額を設定して、場の案内とプレゼン資料、パンフレットなどをパッケージ化するのもよいでしょう。施設によってこのあたりの応対にはさまざまな種類があるので、調べてみると方針が見えてきます。

とはいえ初めてのことで勝手がわからないという場合には、とにかく受けてみて、体感するのが一番早いものです。それを踏まえて、自分なりに取捨選択したほうがよいかもしれません。

STEP 13 イベントの企画を考えよう

イベントにもいろいろな目的がある

場を運営していくなかで、イベントをやりたくなることもしばしばあるかと思います。その企画はどのように考えるべきでしょうか。

イベントの目的にもいくつかあります。場を周知・交流するため、収益を上げるため、あるいは趣味の延長などです。

オープン記念で場を周知するためにイベントを開催するのは非常に有効です。それまでどんなお店、施設ができるのか気になっていた地域の方々を呼び込む口実にできるので、このイベントをキッカケに認知してもらい、普段から足を運んでもらえるようにする効果もあります。また各種メディアでの宣伝活動にも利用できます。

収益を上げるためにイベントを開催することもあります。普段はあまり認知されていない場でも、イベントを実施することで集客につながります。売り上げにも直結するため、店舗や飲食店などのテナントがある場合は効果的です。

また趣味的にイベントを開催して普段会えない人やつながりたい人を呼ぶのも、楽しいものです。自分のためにイベントを開くのも悪いことではありません。

日常との関係も考えておきたい

大事なのは、これらのイベントが日常とどのような関係にあるかです。たとえばイベントを開催してその日は盛り上がるけれども、次の日からはあまり人が来ない日常が戻ってきては寂しいものです。イベントを開催して認知してもらうことはもちろん重要なのですが、それがどこまで日常的な利用に意味があるかはよくよく検討したほうがよいと思います。目的は、イベントにしか来てくれない人を呼ぶのではなく、いつも来てくれる常連さんを掴むことだからです。であれば、イベントを無理に開催して頑張るのではなく、日常から来てもらえる工夫をし続けることのほうが重要なのではないでしょうか?

またイベントを開催することで、かえっていつも来ている常連の人が使いにくいというシチュエーションも生まれがちです。せっかくごはんを食べようとしたのに貸切イベントを開催していて入れないなんてことを度々繰り返していると、お客さんの脚も遠のいてしまいます。そうならないために、そもそもイベントは開催しない、という方針も一つです。

誰かに任せてしまうのも手

ほかにも、イベントは企画してから準備、当日と結構な労力が掛かります。「欅の音terrace」でも当初は二ヵ月に一度マルシェを開催していましたが、イベントの数日後にはまた次回の企画を考え始め、開催の一ヵ月前にはフライヤーをSNSで告知して、と常に慌ただしかったため、翌年から頻度を下げるようになりました。

イベントを催すことで日常が乱されてしまっては仕方ありません。そこでなるべく自分では動かない方法を考えるのも手です。自分が動かずとも、誰かが企画してくれた案をサポートする側に回ればよいのです。ここで大事なのは、普段からそういった声を受け取れる関係性を築き、またそれが実行できる場をつくっていることです。環境さえ整っていれば、自ずと声が上がってきます。そのときは全力で応援しましょう。

STEP 14 運営しよう

仕組み化しておくのが大切

場がオープンし、運営が始まるとさまざまな課題が見えてきます。初めから完璧にしようと考えてしまうと、とても息苦しくなってしまうので、徐々に改善していく気持ちで、焦らず対応していきましょう。運営シフトの管理や経理、SNS広報、備品の補充など、やることはたくさんあります。それらを一人で抱え込むのではなく、一緒にやっているメンバー内で共有しながら、各々の得意不得意に合わせて臨機応変に考えていくことが重要です。

またなるべく仕組み化して考える手間・動く手間を減らしていくことも運営のしやすさにつながります。最初に少し時間を要しますが、ここをなあなあにしてしまうと、後々しわ寄せがきてしまいます。できればオープン前からできる範囲で想定しつつ、最初の一ヵ月間はプレオープン期間として、慣らし運転をしながら様子を見て仕組みを検討するのがよいのではないでしょうか。

実際に動かしてみると、あれが欲しい、これが足りない、なんてこともしばしばです。運転資金として備品代や設備投資費を事前にある程度見込んでおくと気持ちがだいぶ楽になります。

ゴミ捨てと清掃が一番のポイント

これらのなかでもとくに問題が起きやすいのはゴミ捨てと清掃です。とくに場を開くときは複数のメンバーや入居者、利用者が関わることも多いので、必然的に問題が浮上しやすい環境にあります。

ゴミ捨てについては、まず家庭ゴミとして扱えるのか事業ゴミ扱いになるのかで大きく異なってきます。前者の場合は近隣の集荷スペースのルールに従えばよいのですが、後者の場合は回収業者を選定して、そちらのルールに合わせる必要があります。事業者によって、専用の有料ゴミ袋を買う必要があったり家庭ゴミと分別が異なったり、集荷可能な曜日が決まっていたりするので、早めに対処しておくと楽です。

逆に溜まってからいざ捨てようと思って動き出すとなかなか苦労するポイントでも

あります。分別の仕方に応じてゴミ箱を施設内のどこに、何個置くのかも変わってきますし、屋外にゴミストッカーを設置できるかどうかによってゴミの運用の仕方も変化してきます。週にどれぐらいゴミ袋が発生するかによってゴミストッカーの容量を検討する必要もあります。

清掃は共用する場所の扱いが課題になりやすく、とくに水が絡む厨房やトイレは最たる例でしょう。使い方が個々の家庭によって異なっており、かつなかなか普段共有することもないため、清掃のやり方やどこまで清掃するかも人それぞれになってしまいがちです。「前の人の使い方が汚い！」「物が出しっぱなしになっていた！」という声が出ることもよくありますので、清掃はマニュアル化しておくのが大事です。

オープンとクローズのタイミングでその日に何を行い、どこまでチェックし、どの状態で終えるのか明確にしておけば、できている／できていないの判断がしやすくなります。どうしても主観的になりがちな部分はそういった対処をすると動きやすくなります。

電気容量もチェックしておこう

電気も場をシェアしているときに課題になりやすいポイントです。戸建住宅や平屋建ての規模の建物だと、家庭用の電気容量での契約が大半ですが、その場合、定格容量は最大六〇Ａまでが一般的となります。それ以上の容量にしたい場合は契約している電力供給会社に相談する必要があります。

また初期では、二〇Ａや三〇Ａの設定になっている物件もよくあります。必要があれば六〇Aまではすぐに対応してくれるので、電気メーターで確認するようにしましょう。

実際にどれぐらいの電気容量が必要かは、施工をお願いしている工務店の電気屋さんに聞けると一番楽です。それが難しい場合は、使っている個々の電気機器のうち、常時どれぐらいの機器が稼働し、かつ電子レンジやドライヤーなど高負荷のものが同時にいくつ稼働する可能性があるかがわかれば、それが契約容量を超えないようにある程度は計算できます。

とはいえ、実際に運営していると突然ブレーカーが落ちたりすることもあります。そのときはいったん様子をみて、度々落ちるようであれば電気屋さんに相談して配線経路を変更するか、契約容量を大きくするか検討したほうがよいでしょう。

STEP 15 事業の継続性を考えよう

経営がうまくいかなくなることも

場をつくるにあたり事業計画をもとに融資を受けている場合は、それを返済するまでに数年〜数十年間は事業を継続する必要があります。また不動産の契約もあるため、期間限定のポップアップ的な場づくりでない限りは、数年単位で場を運営していくことになります。

基本的には事業計画をベースに、それを実現できる仕組みと運営体制をつくることで安定化させていきますが、不測の事態によって突然経営が回らなくなってしまったということもあり得ます。

ここでは運営母体の組織経営の話はせず、あくまで場の話のみに留めますが、不測の事態とはおもに、社会現象によって不可抗力的に発生したものか、場の運営内で問題が発生した場合かに大別できると考えられます。

社会現象から運営できなくなる場合

前者では多くの場合、行政から助成金や補助金が支出されるため、まずはそれを活用してなんとか難局を乗り越える方法を画策することになるでしょう。とはいえ、どうしても飲食店や宿泊施設のように単独の機能しかない場合はそこがストップしてしまうと、経営として成り立たないことも往々にしてあります。

そうならないためにも、収益源を分散しておくことや事業規模を小さくするといったリスクヘッジを心掛けることが大事になります。

施設での問題発生から運営できなくなる場合

一方で、施設側で問題が発生した場合はより厳しいでしょう。たとえば飲食店で食中毒が出てしまうと、事実確認のうえ、速やかに保健所と協議する必要があり、必然的に営業できなくなってしまいます。また火事になってしまったなんてこともあり得ます。

それらのリスクをなるべく回避するために、PL保険（生産物賠償責任保険）や火災保険といった万が一の事態に保険を掛けておくことは非常に重要です。何も処置をしていない場合は不動産オーナーやスタッフにも多大な迷惑が掛かってしまいます。

仲間やメンターの力を借りてテコ入れする

長年継続していくなかで業績が悪化して

ゆくことももちろんあり得ます。人生山あり谷ありです。年月が経てば経つほど盛り上がっていく場をつくるのが理想ですが、コンセプトがしっかりしていなかったり、広報がうまくできていなかったり、運営が滞っていたりすると、人はどんどん離れていってしまいます。そうならないように常々努力を怠らないことは大前提ですが、もしそうなってしまった場合は、テコ入れをしなければなりません。これはなかなか一人では難しい（というよりもこれまで一人で抱え込んでしまっているからそうなっている可能性が高い）ので、メンバー内や、場合によってはメンターに入ってもらいながら検討してゆくのがよいでしょう。

撤退するときもまず相談してみよう

一方で、無理に続けることによって場に関わる人がどんどん疲弊してしまうような事態なのであれば、そもそもその場の運営から撤退するのも一つの選択肢です。とはいえ、これまでの設備資金や運転資金がどれぐらい回収できているかによって状況は変わってきますし、それを別の事業で支払うことができるかどうかも問われます。もはやその状況では、続ければ続けるほど赤字が増えていくので、なるべく短い時間のなかで方向性を決定しなければなりません。そんなときも自分だけで抱え込まず、メンバーや融資してくれた銀行、所属している場合は商工会などにまずは打ち明けてみることが大事です。案外、撤退せずに済む方法が見つかるかもしれませんし、撤退するにしてもダメージが少ないように提案してくれる可能性もあります。

あとがき

コミュニティスペースは誰もがそこを気軽に訪れ、利用できることを前提に成立しています。その時々に応じて使う人が変わり、場の空気が変わり、流れる時間もまた変わる。まちに開かれる場は、まちに活力を与える場としてとても魅力的な価値をもっています。

一方で著者である土肥・若林とも、自身でコミュニティスペースを手掛けながら、日々その楽しさだけでなくさまざまな課題にも直面しています。手掛ける人や場所によっても表情が大きく異なるコミュニティスペースは、面白いと同時に難しいものでもあります。本著はそんな難しさを一人で抱え込んでしまうのではなく、同じ方向を目指しているみんなで力を合わせながら乗り越えていこう、という想いでつくりました。

もちろんコミュニティスペースをつくりたいと思ったキッカケや実現したい在り方は各々で異なるでしょう。それでも、誰かのために価値のある場をつくりたいという熱意は同じはず。その軸さえ共有できていれば、きっとこの本は役に立ってくれると考えています。本著に協力してくださった方々や著者は読者のみなさんの仲間です。そしてこの本もまた、みなさんにとってのコミュニティスペースになれるかもしれません。困ったり悩んだり寂しくなったとき、この本をまた読み返してみてください。きっと力になってくれるはずです。もちろん楽しいことも共有しましょう。

コミュニティスペースというと、公民館や地方自治体の施設内に入っている、あまり使われていない空間を想像される方も少なくないかもしれません。本書ではその点についても議論を重ねました。まちづくりの分野ではコモンやパブリック、あるいはネイバーフッドなどある集団やその在り方を指すさまざまな言葉があり、それぞれ研究がなされ、専門的な見解があります。コミュニティという言葉もまた同様ですが、私たちは読者へのわかりやすさを大切にしたいとこの言葉を選びました。昔から存在していて、今も何となくニュアンスがわかり、難しく感じさせずに感覚的に意味が理解できる。コミュニティスペースという言葉にはそんな意図も込めています。

本著は二人の著者の実践だけでなく、今まさに場づくりに取り組んでいる四ヵ所のコミュニティスペースの運営者にもご協力いただき、かたちになりました。現場でのリアルな問いを本のなかで扱うことができたのは、手を挙げてくださったこの運営者たちのおかげです。本当にありがとうございます。

またコミュニティづくりなどのソフト分野をメイン領域にしていた土肥と、建築空間の設計というハード分野をメイン領域としていた若林とがともに本づくりに取り組んだことは、互いにとっても大きな刺激になりました。双方の考え方は視点が異なるため、近いようで違うところも多く、本書をつくるなかで一緒に議論をしてこれたのは楽しい時間でした。同じ若手ではありますが、別々のアプローチからコミュニティスペースに取り組む二人ならではの視点が活かされた本ができたと思います。

最後に今回の企画にお声掛けいただき、編集にご尽力くださったユウブックス・矢野優美子さんをはじめ、本書に関わってくださったすべての方々に改めて厚く御礼申し上げます。誠にありがとうございました。

二〇二二年十二月

土肥潤也・若林拓哉

|撮影・提供|

Eichi Tano：p.006（3点）p.007（3点）、p.118、p.119（2点）、p.123（2点）、p.124（2点）、p.132、p.144、p.150、p183（下）

NPO法人たがやす：p.011（3点）、p.036、p.037、p.038、p.039

（株）ウミネコアーキ：p.008（2点）、p.009（上）、p.121、p.127、p.128、p.135

暮らり：p.010（4点）、p.033、p.034、p.103

（同）とまり木：p.009（下2点）

スタジオ伝伝：p.153（2点）

冨岡克朗（イラスト：イスナデザイン）：p.168

土肥潤也：p.071

備前若者ミライプロジェクト：p.013（4点）、p.065、p.067

みんなの図書館さんかく：p.002（3点）、p.003（2点）、p.004（3点）、p.005（4点）、p.041、p.080、p.097、p.104、p.107、p.110、p.111、p.113、p.117、p.183上

みんなの図書館 ぶくぶく：p.012（4点）、p.019、p.061、p.062、p.063、p162

|カバー写真撮影・提供|

Eichi Tano、NPO法人たがやす
暮らり、備前若者ミライプロジェクト、
みんなの図書館 ぶくぶく

●著者プロフィール

土肥 潤也
（どひ じゅんや）

1995年静岡県焼津市生まれ。早稲田大学社会科学研究科修士課程修了、修士（社会科学）。在学時から若者の社会・政治参加に関する活動に参加。2015年NPO法人わかもののまちを設立（現在は代表理事）。静岡県内を中心にユースセンター、ユースカウンシルの発足・運営に携わるほか、全国各地で子ども・若者の地域参加、政治参加に関わる研修や実践支援に取り組む。2020年に（一社）トリナスを共同創業、現在は代表理事。「みんなの図書館さんかく」の立ち上げのほか、商店街を遊び場にする「みんなのアソビバプロジェクト」など幅広く参加のデザインに取り組んでいる。また「みんなの図書館さんかく」のシステムを利用した民営図書館「みんとしょ」のネットワークは全国50館近くに広がる。おもな受賞に第15回 マニフェスト大賞優秀マニフェスト推進賞〈市民部門〉優秀賞、第14回 日本まちづくり大賞など。そのほかにNext Commons Lab理事、セブンセンスグループ執行役員など。

若林 拓哉
（わかばやしたくや）

1991年神奈川県横浜市生まれ。2016年芝浦工業大学大学院理工学研究科修了、修士（工学）。同年よりフリーランスとして活動開始。2022年法人化。現在、（株）ウミネコアーキ代表取締役・つばめ舎建築設計パートナー・（株）NODパートナー。建築設計だけでなく企画・不動産・運営の視点からトータルデザインし、建築の社会的価値を再考する。（株）ウミネコアーキのおもなPJに、旧郵便局を改修した地域の文化複合拠点「ARUNŌ-Yokohama Shinohara-」（2022年）、高知市・菜園場商店街のまちやど「まちの別邸 緝」（2022年）、地域のための食の拠点「新横浜食料品センター」（計画中）など、（株）NODでのおもなPJに「KDDI research atelier」（2020年）など。受賞に「グッドデザイン賞2019」ベスト100（欅の音 terrace）など。共著に『小商い建築、まちを動かす！』（ユウブックス）がある。

わたしのコミュニティスペースのつくりかた
みんとしょ発起人と建築家の場づくり

2023年2月20日 初版第1刷発行
2023年6月20日 初版第2刷発行

著著 土肥潤也·若林拓哉
発行者 矢野優美子
発行所 ユウブックス
〒221-0833
神奈川県横浜市神奈川区高島台6-2
TEL:045-620-7078 FAX:045-345-8544
info@yuubooks.net
http://yuubooks.net
編集 矢野優美子
ブックデザイン 岡嶋柚希
印刷·製本 株式会社シナノパブリッシングプレス

PRINTED IN JAPAN
ISBN 978-4-908837-13-5 C0036